Schukies · Hüter der Heiligen Pfeile

Renate Schukies

Hüter der
Heiligen Pfeile

*Red Hat erzählt die Geschichte
der Cheyenne*

Diederichs

Die Deutsche Bibliothek – CIP-Einheitsaufnahme
Hüter der heiligen Pfeile / Renate Schukies. Red Hat erzählt
die Geschichte der Cheyenne. – München: Diederichs, 1994
ISBN 3-424-01208-4
NE: Red Hat, Bill; Red Hat, Edward; Schukies, Renate [Bearb.]

Lektorat: Matthias Wolf
Umschlaggestaltung: Ute Dissmann, München
Produktion: Tillmann Roeder, München
Satz: Uhl + Massopust, Aalen
Druck und Bindung: Ebner Ulm
Printed in Germany

ISBN 3-424-01208-4

Inhalt

Die Menschheit ist durch einen einzigen Ursprung und ein Ziel miteinander verbunden, und bei aller Ferne erkennen Kulturen, wenn sie sich treffen, daß es sich beim anderen auch um das eigene handelt. Jede Kultur liefert Symbole, in denen sich das eigentlich und unbedingt Wahre gegenseitig erblickt und hört.

Karl Jaspers

Vorwort

1976 flog ich zum ersten Mal auf den nordamerikanischen Kontinent. In der grandiosen Naturschönheit des Südwestens, und die Küste hinauf bis nach Kanada konnte ich sie spüren – die Präsenz der nordamerikanischen Indianer. Aber es erging mir wie vielen USA-Reisenden: Zu Gesicht bekam ich keinen von ihnen. Besuche auf einer der Reservationen erschienen mir, ohne einen wichtigeren Grund als meine Neugier, nicht angemessen. Mit einem Poster von Wolf Robe, einem Cheyenne-Häuptling, kehrte ich nach Deutschland zurück. Zwei Jahre später, im Sommer 1978, reiste ich erneut in die USA, diesmal in das Innere Nordamerikas – zum Volk der Cheyenne. Mittlerweile war ich Studentin der Ethnologie und sollte für acht Monate an einem Action Anthropology Project mit den Südlichen Cheyenne teilnehmen, das von Professor Karl Schlesier und dem Cheyenne-Pfeilhüter, Edward Red Hat, initiiert worden war.

Die Cheyenne, das Volk der nördlichen Grasländer, waren 1862 durch die Armee überwältigt und zu einem Leben auf der Reservation in Oklahoma gezwungen worden. Als die Siedler weiter nach Westen drängten und die ersten Ölquellen auf indianischem Territorium sprudelten, dauerte es nicht lange, und sie verloren ihre letzte große Landbasis. Unlautere Gesetzgebung der Regierung in Washington und kriminelle Machenschaften ihrer Unterhändler zwangen die Cheyenne zum Verkauf ihrer Reservation. Von den ehemals 4 294 412 Morgen Land, die sie einmal kontrollierten, blieben ihnen nur noch 529 692 Morgen übrig, die man als Privateigentum auf 3 320 Cheyenne verteilte. Am 19. April 1892 öffnete die Regierung die Cheyenne-Arapaho Reservation einem wilden Ansturm von weißen Siedlern, die in Planwagen und zu Pferd in das Indianerland strömten – der »Oklahoma Land Run« setzte ein.

Von den 120 Morgen Stammesland, das man den einzelnen Cheyenne vor knapp einhundert Jahren zuteilte, ist ihnen nicht viel geblieben. Weiße betrogen die Indianer auch weiterhin um ihren Besitz. Heute leben die Cheyenne auf kleinen Parzellen, weit verstreut liegenden Inseln in einem Meer aus weißem Farmland, Farmhäusern und Ortschaften. Die Cheyenne-Bevölkerung hat sich auf über 7000 Menschen verdoppelt, so daß immer mehr Cheyenne auf immer weniger Stammesland leben müssen. 1991, bei meinem letzten Besuch, lebte die sechzigköpfige Großfamilie der Red Hats – ein Drittel Erwachsene, zwei Drittel Kinder – auf einem Stück Land, das bereits auf 40 Morgen geschrumpft ist. Viele Cheyenne gehen deshalb in die Städte. Die Lebensrealität des Stammes hat nur wenig mit dem Bild zu tun, das sich uns durch historische Bücher oder Filme eingeprägt hat. Die Cheyenne sind gefangen in Armut, ökonomischer Ausbeutung, in Diskriminierung und Arbeitslosigkeit. Extremer Alkoholismus, hohe Selbstmordraten, schlechte Gesundheit und mangelhafte Wohnverhältnisse bestimmen das Bild. Die von der Regierung zwangsverordnete Verwaltungseinheit mit den Arapaho behindert die eigenständige Entwicklung der Cheyenne – und es herrscht Stammesrivalität.

Von Wichita, Kansas, aus fahren wir mit Karl Schlesier zum ersten Mal durch das weite Land des Mittleren Westens mit seinem immerblauen Himmel – der jedes Jahr vom Blauen Himmelmacher der Cheyenne neu erschaffen wird. Doch der Schein trügt. Die Vereinigten Staaten erleben mehr Tornados als jedes andere Land in der Welt. Und seit über vierzig Jahren liegt die durchschnittlich höchste Tornado-Aktivität im Zentrum Oklahomas. Wir sind unterwegs nach Longdale, Oklahoma, um den Hüter der Heiligen Pfeile, Edward Red Hat, zum ersten Mal zu besuchen. Longdale – ein typischer Ort des Mittleren Westens: Lebensmittelladen, Schule und Poststation, zwei Bars und zwei Tankstellen. Um zu den Red Hats zu gelangen, müssen wir noch einige Meilen weiter über die Stadt hinaus nach Süden, dann eine Meile nach Westen. Auf einer holprigen Sandpiste fahren wir vorbei an Feldern, Viehweiden und Pferdekoppeln, bis wir die Einfahrt zum »Dorf« der Red Hats erreichen. Im Sommer 1978 stehen dort ein verfallenes weißes Holzhaus, ein Wohnwagen und zwei rote Backsteinhäuser. Etwas enfernt bei den Bäumen das Heilige Pfeiltipi.

Die Red Hats
Vordere Reihe: *Rondeau, Brian, Augy, Marsha;* mittlere Reihe: *Nelly mit Emily, Minni, Pat und Pam, Emma, Mainoma, Stephe, Albert;* hintere Reihe: *Bill, Marylin, Edward Red Hat, Tweety, Zola, Eva, Wayne, Luther (Bruder von Emma), Edwards.*

Die Familie der Red Hats umfaßt zwanzig Personen, die hier in einer ruhigen Atmosphäre miteinander leben.

Wir parken unseren Wagen vor dem Haus des Pfeilhüters, des Arrow Keepers. Schwarzhaarige, staubverschmierte Kinder kommen näher und beobachten uns neugierig. Im Sommer steigen die Temperaturen hier auf über vierzig Grad Celsius, mit extrem hoher Luftfeuchtigkeit. Im Winter jagen eiskalte Blizzards aus dem hohen Norden über die weiten Ebenen der Plains. Unter den schattigen Bäumen in der Nähe des Tipis erhebt sich ein alter Indianer von seinem Stuhl und kommt durch ein Melonenfeld auf uns zu. Es ist Edward Red Hat – Hüter der Mahuts, der Heiligen Pfeile. Schlesier stellt uns vor, und wir gehen gemeinsam ins Haus. Das Haus hat Bad, Küche, Wohn- und drei Schlafzimmer. Hier lebt der Pfeilhüter mit seiner Frau Minni, den Enkelsöhnen Bill und Edward, zwei Schwiegertöchtern und fünf Urenkeln. In der Küche stellen wir die mitgebrachten Lebensmittel auf den Tisch. Einen nach dem anderen lernen wir auch die anderen

Familienmitglieder kennen, Minni, Bill, Nelly und deren Familie. Dann kommen Wayne und Emma aus dem anderen Haus zu uns herüber. Wayne ist der einzige Sohn des Pfeilhüters und macht den Blauen Himmel. Emma ist Waynes Frau und Mutter von neun Kindern. Nelly fängt an, ein Essen vorzubereiten. Seit mehr als sieben Jahren lebt sie im Haus des Pfeilhüters, darf ihn aber nicht direkt ansprechen – keinen Mann in der absteigenden Linie des Ehemannes. Neugierig drängen sich fröhliche Kindergesichter in mehreren Reihen im Türrahmen. Wir überreichen die mitgebrachten Geschenke aus Deutschland und erzählen von uns. Die Red Hats schildern die Probleme und Aufgaben, bei denen sie Hilfe und Unterstützung gebrauchen können.

Irgendwann am Nachmittag gehen wir mit dem Pfeilhüter ins Heilige Pfeiltipi. Hier erklären wir den anwesenden Geistern den Grund unseres Besuchs. Wir sind gekommen, um zu lernen und die Cheyenne in ihrem kulturellen Widerstand zu unterstützen. Wir willigen ein, unter der Leitung und Autorität der Cheyenne zu arbeiten. Der Pfeilhüter raucht mit uns die Friedenspfeife und besiegelt so den geistigen Vertrag, der geschlossen wurde. Auf traditionelle Weise versichern sich die Cheyenne, daß wir unsere Versprechen nicht brechen. Sollten wir es dennoch tun, »brächten wir es auf uns selber«. Als wir das Tipi verlassen, klettert eine kleine Eidechse die Zeltwand empor. Ein gutes Zeichen, wie uns der Pfeilhüter sagt.

In der Zeit, die ich mit den Cheyenne verbrachte, sollte sich mir eine Welt voller Zeichen eröffnen – gute Zeichen und schlechte Zeichen. Vor der Fahrt hörte ich nachts in meinem Zimmer in Wichita den Gesang eines Indianers. In den zwei Jahren, die ich mit den Red Hats insgesamt verbringen würde, sollte ich noch einige ungewöhnliche Dinge erleben. Als ich mit dem Pfeilhüter über mein Erlebnis sprach, erwiderte er: »Wenn es ein guter Traum ist, nimm ihn an. Wenn es ein schlechter Traum ist, bete, daß es nicht geschieht.«

In den darauffolgenden Monaten arbeiteten wir an unterschiedlichen Aufgaben. Wir halfen dem Pfeilhüter, den Heiligen Berg, Bear Butte in South Dakota, zu beschützen, der durch Landverkauf und Besiedelung bedroht war. Wir unterstützten den Pfeilhüter bei der Umsetzung eines Gesetzentwurfes, der den Indianern Religionsfreiheit versprach, und halfen, eine Zeitung herauszugeben. Wenn wir bei den Red Hats übernachteten, schliefen wir in Schlafsäcken auf dem Fußboden des Wohnzimmers. Fast regelmäßig lief der Fernseher bis morgens um drei – für Bill die einzige Möglichkeit, etwas über den Weißen Mann zu erfahren. Im Morgengrauen waren der Pfeilhüter und seine Frau Minni bereits auf den Beinen, und der Geruch von frischen Bratkartoffeln, Spiegeleiern und Kaffee weckte uns. Oder die Geräusche amerikanischer Zeichentrickfilme, die sich die Kinder morgens um sieben ansahen.

Edward Red Hat und seine Frau Minni bilden das Herz der Cheyenne-Kultur. In Red Hats Familie wird der Blaue Himmel weitergegeben. Minni ist die Enkelin eines Pfeilhüters. Beide stammen aus Familien, die zu Reservationszeiten um das Fort Cantonment lagerten und das Zentrum des kulturellen Widerstandes bildeten. Edward und Minni hüten das zeremonielle Wissen des Stammes. Sie wuchsen zwischen den Alten auf, die noch das freie Leben in den Plains kennengelernt hatten. Ihre Generation führte den Stamm in die neue Zeit. In Zusammenarbeit mit Karl Schlesier geht der Pfeilhüter neue Wege – die veränderte Situation erfordert neue Strategien in der Auseinandersetzung mit dem System der Weißen. Aber immer wird aus der Tradition des Stammes heraus entschieden. Beeindruckt durch die Persönlichkeiten des Pfeilhüters und seiner Frau Minni – aber auch durch alle anderen Familienmitglieder –, kam es mir schon bald in den Sinn, die Geschichte dieses Mannes und seiner Familie zu dokumentieren: gelebte Stammesgeschichte der Cheyenne.

Ich war schon wieder zurück in Deutschland, als der Gedanke in Diskussionen mit Schlesier wieder auftauchte. Anfang Mai 1981 flog ich erneut zu den Cheyenne. Als ich mit den Red Hats über die Autobiographie spreche, die ich schreiben möchte, ist die Familie von der Idee nicht übermäßig begeistert, denn den Cheyenne ist jeglicher Personenkult fremd. Sie sind bescheiden und drängen sich nicht gerne in den Vordergrund. Der Pfeilhüter und seine Familie wollen über das Projekt nachdenken. Am 23. Mai 1981 gehen Karl Schlesier und ich mit dem Pfeilhüter ins Tipi. Hier erläutere ich vor

13

den Geistern das Ziel meiner Arbeit. Im weitesten Sinne verstehe ich das Buch als ein Dokument über ein Stück Zeitgeschichte für die Enkelkinder des Pfeilhüters und alle nachfolgenden Generationen. Und hoffe, daß der Geist der Alten, der um den Pfeilhüter herum so spürbar ist, auch im Buch erhalten bleibt. Zusammen rauchen wir die Friedenspfeife, und schließlich gibt der Pfeilhüter seine Zustimmung. Als wir das Tipi verlassen, wendet er sich zu mir und sagt: »It's going to be all right.« Er kann es am Rauch erkennen.

Vierzehn Monate lebte ich im Haus des Pfeilhüters in Longdale, unterbrochen von kurzen Aufenthalten in Wichita oder Oklahoma City. Im Sommer hatte ich einen eigenen Raum – ein Camping-Zelt, ausgerüstet mit Tisch, Stuhl und Petroleumlampe. Es stand mitten auf dem »Dorfplatz«, was die Arbeit an den Notizen erheblich erschwerte. Im Winter schlief ich auf der Couch im Wohnzimmer. Ich teilte das tägliche Leben der Familie, ging einkaufen, machte den Abwasch, wischte den Boden, beaufsichtigte die Kinder und kochte Kaffee – ein Getränk, das wir von morgens bis in die tiefe Nacht zu uns nahmen. Der Genuß jeglicher Art von Drogen, einschließlich Alkohol, war auf dem Land des Pfeilhüters, in der Nähe des Heiligen Tipis, verboten. Im Tagesablauf gab es immer wieder Situationen, in denen wir im Schatten der Bäume saßen, einen Becher Kaffee in der Hand, und redeten. Oft genossen wir auch, ohne viel zu sagen, die erfrischende Kühle der Nacht und den klaren Blick auf die Milchstraße. Ich lernte, Rehe zu enthäuten und zu zerlegen, Schweine zu kastrieren und zu schlachten. Mit Bill jagte ich Schlangen im Hühnerstall. Ich aß Schildkröten, Eichhörnchen, rohe Nieren und auch einmal ein Stück Hund aus der Neuen Lebenshütte. Ich ging zu ihren Tänzen und nahm an ihren Zeremonien teil: Pfeilzeremonie und Neue Lebenshütte. Erst hier versteht man als Fremder die humane Größe ihrer Kultur. In dieser Zeit sind wir gute Freunde geworden.

Mit meinen Talenten und Fähigkeiten versuchte ich mich nützlich zu machen. Das Wohnzimmer im Haus des Pfeilhüters benötigte einen neuen Anstrich – hellblau –, der Rest der Farbe reichte noch für die Außentoilette des Pfeilhüters. Küche und Toilette unter einem Dach zu installieren ist für einen

Cheyenne äußerst unhygienisch. Deshalb benutzte der Pfeil-hüter lieber seine eigene. Wie viele Cheyenne, so besaß auch Bill künstlerisches Talent – und wir wagten eine bescheidene Unternehmensgründung. Wir boten die Gestaltung und Re-staurierung von Schildern an. Unser erster Kunde war ein Rinderzüchter aus Okeene, der mit unserer Arbeit sehr zufrie-den war. Er zahlte uns das Doppelte der vereinbarten Summe. Auch den Leuten der Gegend gefiel das neue Schild, denn nach kurzer Zeit waren die gemalten Bullenleiber von Kugeln durchlöchert. Bill konnte die Farbdämpfe nicht ertragen, was der Initiative ein Ende setzte – zum Leidwesen des Pfeilhüters, dem die Idee gefiel. Er machte sich stets Gedanken darüber, was seine Enkel tun könnten, um ihr Auskommen zu haben. Noch im selben Sommer bat mich der Pfeilhüter um Hilfe. Über zweihundert Cheyenne-Familien waren durch Räu-mungsklagen von Obdachlosigkeit bedroht, auch die Familie Red Hat. Wir organisierten Zusammenkünfte der Betroffe-nen, ließen uns von Rechtsanwälten beraten und machten das Problem öffentlich. Bis zu meiner Abreise im Sommer 1982 wurden die Räumungen nicht vollzogen – erst 1985. Auf ihrem eigenen Land werden die Red Hats gezwungen, in Zelten neben ihren mit Brettern vernagelten Häusern zu leben.

In meiner Zeit in Longdale schrieb ich Gedächtnis-Proto-kolle über die wichtigsten Ereignisse jeden Tages, notierte Gesprächsabläufe, Bemerkungen, Erklärungen oder andere relevante Dinge. Längere Geschichten des Pfeilhüters nahmen wir auf Tonband auf. Im Sommer 1982 flog ich zurück nach Deutschland, in meinem Handgepäck Papierstapel mit Tage-buchnotizen – ein großes Puzzle, das ich versucht habe, zu einem Bild zusammenzufügen.

Mit dem englisch verfaßten Orginalmanuskript kehre ich 1991 nach Longdale zurück. Nach neun Jahren treffe ich die Familie Red Hat im Lager auf dem Zeremonialplatz, wieder ist es Sommer. Aus den Kindern von damals sind Jugendliche geworden, die auf den ersten Blick nicht wiederzuerkennen sind – trotzdem können sie noch »Alle meine Entchen« singen, das ich ihnen damals beibrachte. Die Jugendlichen von früher sind jetzt erwachsen und haben ihre eigenen Familien. Und alle leben auf dem Land ihrer Großmutter in Longdale. Das

Pfeiltipi steht noch an seinem Platz, davor ein grasendes Pferd. Bill hat es bei einem give-away erhalten. Leider kann niemand darauf reiten. Jetzt stehen mehr Wohnwagen um den Platz mit dem Heiligen Tipi. Von den beiden roten Backsteinhäusern sind nur noch die Fundamente zu sehen.

Die meisten der erwachsenen Familienmitglieder lesen das Manuskript in zwei Nächten. »Peva – es ist gut.« Als Eva, die älteste Enkeltochter, mir sagt, daß ihr jetzt vieles klarer wäre, habe ich das Gefühl, mein seinerzeit im Tipi gegebenes Versprechen gehalten zu haben. Vieles hat sich in der Zwischenzeit geändert. Die Situation des Stammes ist insgesamt schlechter geworden: Die Stammesgebäude sind verfallen, Etats werden gekürzt, Programme gestrichen. Die grundsätzlichen Bedingungen und Probleme des Volkes sind im Prinzip gleich geblieben. Vieles von dem, was in diesem Buch an positiver politischer und rechtlicher Entwicklung spürbar ist, wird in späteren Jahren durch die Reagan-Regierung zunichte gemacht. Wieder sind Kultur und Religionsfreiheit der Cheyenne – aller nordamerikanischen Indianer – bedroht.

Als wir unter den Bäumen sitzen, sagt Bill, der den Blauen Himmel macht, zu mir: »All diese Leute, die hierherkommen, suchen nach großen Antworten. Aber es ist alles gesunder Menschenverstand. Es ist das reale Leben. Wenn eine Frage aufkommt, gibt es vier oder fünf Antworten – und du selber weißt, welches die richtige Antwort ist.«

Hamburg, im Februar 1994   *Renate Schukies*

16

Bill Red Hat erzählt

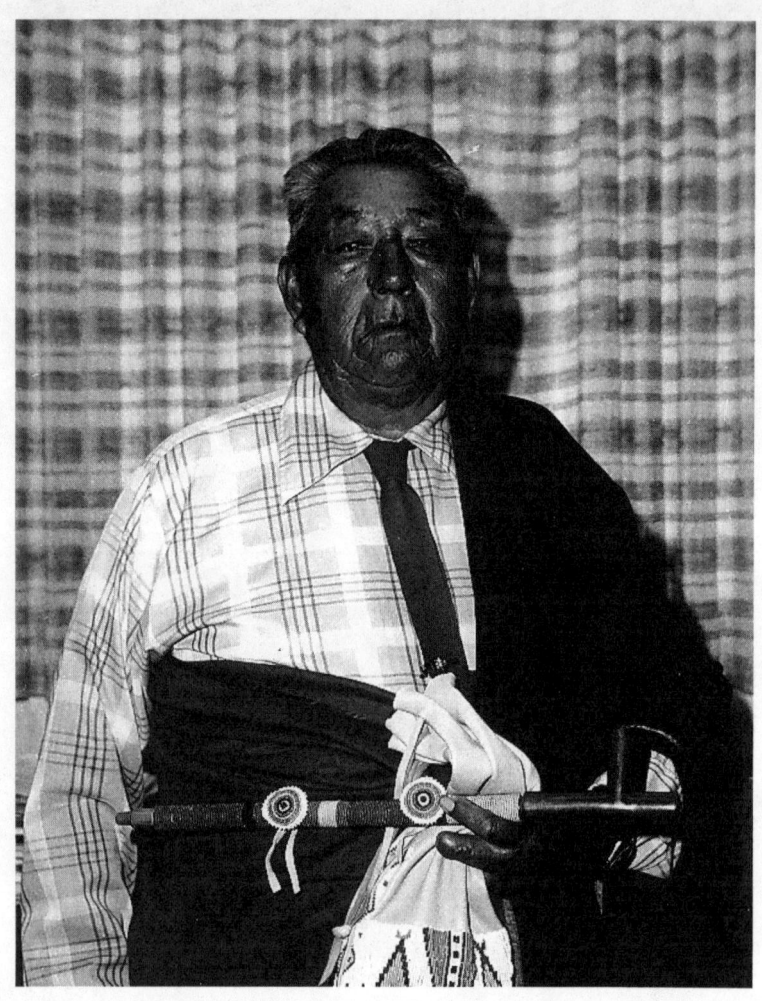

Edward Red Hat 1971, ein Jahr nach Übernahme der Pfeile.

Der Pfeilhüter ist mein Großvater

Ich war immer mit ihm zusammen. Ich kann mich an keine Zeit ohne ihn erinnern. Er ist von allen des Stammes der Älteste. Mein Großvater brachte mir viele Dinge bei, und was er mich lehrte, sind die Worte von noch älteren Leuten. Mein Großvater ist ein mächtiger Mann. Er erhielt die Heiligen Pfeile 1970. Jetzt kommen Cheyenne und Indianer anderer Stämme zu seinem Haus. Viele Male ist das so gewesen, bei Tag und bei Nacht.

Ich bin Bill Red Hat, einer seiner Helfer-Pfeilhüter, einer seiner vier Diener. Personen, die Fragen haben, müssen zuerst mit mir sprechen. Das ist der alte Weg. Wenn sie das respektieren, stärken sie unsere Lebensweise. Einige, die mit dem Pfeilhüter reden wollen, kommen dann doch nicht, denn sie sagen: »Ich muß zuerst mit seinem Enkelsohn sprechen.« Aber ich bin einer seiner Diener. Von all den Leuten, die ihn umgaben, wußte mein Großvater, daß er mir trauen konnte.

Der Pfeilhüter erwählte seinen Sohn Wayne, meinen Vater, zu seinem Sprecher. Häuptlinge und Zeremonienmänner bestätigten diese Entscheidung. Der Pfeilhüter brauchte seine Hilfe, um zu hören und zu übersetzen – welche Entscheidungen auch getroffen werden mußten. Es gibt zwei Wege, den indianischen Weg und das tägliche Leben, sich zu organisieren und Förderungen für die Verbesserung unserer Situation zu beantragen. Auch für diese Aufgaben haben sie meinen Vater gewählt. Er wurde auf traditionelle Weise eingesetzt – er ist wie ein General. Die anderen gewählten Sprecher waren Roy Bull Coming und Laird Cometsevah.

Fred Hoffmann, ein Cheyenne, kam von sich aus zum Pfeilhüter und sagte zu ihm: »Ich kandidiere für das Cheyenne-Arapaho-Geschäfts-Komitee. Ich fahre nur ein altes Auto. Ich möchte wissen, ob du mir helfen kannst, unserem Volk zu helfen? Kannst du für mich beten? Wenn ich das Amt erhalte, spreche ich für dich.« Fred Hoffman wurde gewählt. Der Pfeilhüter hoffte, er würde zu ihm kommen und berichten, was vor sich ging, aber nachdem Hoffmann gewählt worden war, kam er nie wieder. Er hat nichts für seine Leute getan – er hat sie sogar betrogen. Hoffman hat sich selbst zum Sprecher gemacht, er wurde niemals vom Pfeilhüter gefragt. Im Herbst 1977 wählte der Pfeilhüter Luther Black Bear, einen anderen Enkel, zu seinem jüngsten Sprecher. Er wurde gewählt, weil er keine Angst hat, seine Meinung zu sagen und Fragen zu stellen. Als Luther Sprecher wurde, nahm der Pfeilhüter ihn mit in das Pfeiltipi und gab ihm Medizin, um sich zu schützen. Er sagte zu Luther: »Wenn du gehst und Aufgaben für mich erfüllst und für uns sprichst, werden Menschen dort sein, die dir schaden wollen – auch sie haben Medizin.« Aber Luther war nicht ein wirklicher Sprecher. Das kann nur jemand sein, der mehr über die Dinge weiß, die im Pfeiltipi vor sich gehen – und das wissen nur die Pfeilmänner.

Wenn die Anthropologie-Studenten zu uns kommen – aus den USA, aus Deutschland oder Malaysia –, ziehen wir es vor, mit den älteren zu sprechen. Zu einem wichtigen Treffen nehmen wir nur die männlichen Studenten mit. Aber das Treffen könnte wiederum so wichtig sein, daß wir lieber diejenige Person mitnehmen, die über die meiste Lebenserfahrung verfügt, und das kann dann auch durchaus eine Frau sein.

Als die Männer meinen Großvater erwählten, kamen sie hier raus nach Longdale und fragten ihn, ob er die Pfeile annehmen würde. Insgesamt fragten sie ihn viermal. Mein Großvater sagte: »Wenn mein Enkel aus Vietnam zurückkehrt, werde ich die Pfeile nehmen!« Sie antworteten ihm: »Du kannst nicht nur deinen Enkelsohn zurückholen, du mußt sie alle nach Hause bringen!« In dem Moment hatte er sich nicht klargemacht, daß er als Pfeilhüter der Vater oder Großvater von ihnen allen ist. Damals kämpfte ich in Vietnam. Ungefähr einhundert Cheyenne sind rübergegangen, alle sind wieder zurückgekehrt. Ich habe dort sechsundzwanzig Monate lang bei den Marines gekämpft. Jedesmal, wenn ich raus mußte, führte ich vorher eine kleine Zeremonie durch, und obwohl ich verwundet wurde, bin ich nie ernsthaft getroffen worden. Die Geschosse schlugen einige Meter entfernt ein, und damit hatte es sich. Es ist schwer zu erklären, für uns Indianer war der Krieg eine Gelegenheit, zu kämpfen wie ein Indianer. Es gab dort einen Sioux-Piloten, der band die amerikanische Flagge unter sein Flugzeug und flog damit kreuz und quer über ganz Nordvietnam. Später sagten die weißen Jungs: »Ich hab das Gefühl, die Indianer sind noch immer verrückt!«

1968, als ich auf Urlaub nach Hause kam, gaben meine Großeltern für mich einen großen Tanz. Sie kauften zwei Pferde: einen Palamino mit goldener Mähne und ein rotes Pferd mit schwarzer Mähne und schwarzem Schweif. Auf einem der beiden mußte ich reiten. Zusätzlich war das Pferd noch mit dreißig oder vierzig Decken beladen. Auf den Schultern trug ich eine Menge Schals und konnte kaum noch die Zügel halten. Überall war Geld befestigt, in der Mähne, am Schweif und am Zaumzeug. Alle hatten gerade ihre Pacht-Gelder erhalten, zweitausend Dollar pro Kopf. Meine Tanten und Onkel, jeder von ihnen gab mir fünfzig Dollar, zwanzig Dollar. Die Pferde und alles andere verschenkte ich noch am selben Abend weiter. So sind die Cheyenne – wenn sie etwas machen, dann richtig. Sie haben schon etliche tausend Dollar in einer Nacht ausgegeben. Am 20. April 1970 wurde ich aus der Armee entlassen. Meine Großeltern gaben wieder einen Tanz für mich, aber er war nicht so groß wie der erste. Am Morgen, als ich nach Hause kam, sprang meine Großmutter Cora, die Mutter meiner Mutter, aus dem Bett und begann zu singen. Sie wollten mir auch einen neuen Namen geben, als ich aus Vietnam zurückkehrte, aber ich behielt meinen alten Namen, Lone Elk.

Mein Großvater hat die Pfeile im Spätsommer angenommen, es war schon fast Herbst. Er hatte mich und meinen Bruder Luther gefragt, ob er die Pfeile akzeptieren solle. Wir rieten ihm, sie anzunehmen. Es hört sich vielleicht seltsam an, aber das hat er dann getan, endlich akzeptierte er die Pfeile. Seitdem fühle ich eine Verpflichtung ihm gegenüber – obwohl ich die ersten beiden Jahre nach meiner Rückkehr mit Trinken verbrachte. Es gab Zeiten, da hatten wir Cheyenne viele Probleme mit dem Alkohol. Als 1962 ein neuer Pfeilhüter gesucht wurde, sagte Medicine Elk zu den Männern, daß er für die Pfeile sorgen wolle, bis sie jemand anderen gefunden hätten. Die Häuptlinge und Vormänner waren damit einverstanden. Es war seine Frau, die ihn verraten hat. Sie sagte, daß er mit den Pfeilen nicht auf die richtige Weise umginge. Er trank ziemlich viel, deshalb nahmen sie ihm die Pfeile weg. Seine Frau litt am meisten darunter. Das war die Zeit, in der sie meinen Großvater viermal fragten, ob er die Pfeile annehmen würde. Medicine Elk war nur vorübergehend der Pfeilhüter.

Als ich aus Vietnam zurückkam, dachte ich, jeder wäre mein Feind, jeder wäre gegen mich. Ich war wirklich ein rauher Bursche. Niemand konnte mir etwas sagen, nicht einmal die Polizei. Ein Polizist aus Longdale brachte mich fast regelmäßig nach Hause, oft um zwei Uhr nachts. Er blieb hier und sprach mit mir, manchmal bis fünf oder sechs Uhr früh. Jede Nacht war ich betrunken. Ich habe gekämpft. Es war mir egal, gegen wen, ob gegen Weiße oder Indianer. So ging es eine ganze Weile, bis meine Familie es nicht mehr ertragen konnte. Meine Großmutter Minni sagte zu mir: »Geh und heirate.« Auch mein Großvater sprach mit mir: »Wenn du nicht damit aufhörst, mußt du diesen Ort verlassen. Ich muß die Familie beschützen.« Das brachte mich zum Nachdenken. Nach einer gewissen Zeit begann ich mich für das, was wir hier haben, zu interessieren. Ich hörte mit dem Trinken auf, heiratete und begann meinem Großvater zu helfen. Ich habe mich ihm und den anderen bei ihrer Pilgerfahrt zu unserem Heiligen Berg Nowah'wus angeschlossen – damals als mein Großvater Pfeilhüter wurde. Oft ging ich zu ihm und stellte Fragen, auf die er mir die Antworten gab. Er zeigte mir, wie alle diese Dinge gemacht werden. Wenn sie ein Treffen im Pfeiltipi hatten, war ich dabei.

Es gibt zwei Wege, um dort hinzugelangen. Entweder man ist für eine bestimmte Zeit ein Diener, lernt durch Beobachten und Zuhören, oder man durchläuft die Pfeilzeremonie. Ich bin über längere Zeit Diener gewesen und ging dann 1980 durch die Zeremonie. Ich begann als Helfer, als Walter Roe Hamilton nach seinem Schlaganfall die Zeremonie durchlief. Ich arbeitete für ihn. Der Pfeilhüter hatte vier Pfeilmänner, die ihn instruierten, Arthur Mad Bull, Sam B. Deer, Harvey Twins und Louis Little Man. Sie sind ihm gleichgestellt und gleichzeitig auch wieder nicht. Wenn sich der Pfeilhüter über eine Entscheidung nicht klar ist, kann er zurücktreten und einen seiner Diener beauftragen, die Entscheidung für ihn zu treffen.

Wenn ein Mann die Pfeilzeremonie gelobt, wird er zu einem der Pfeilmänner. Sie sind diejenigen, die um das Verfahren wissen. Es gibt allerdings etwas, das selbst diese Männer unterscheidet. Da sind einmal diejenigen, die es für ihr Volk durchleiden, und dann diejenigen, die es aus eher persönlichen Gründen tun, um aus einer Krise herauszukommen. Die ersteren werden mehr respektiert.

Wenn ein Mann sein Gelöbnis für die Pfeilzeremonie einlöst, erklären sie ihm, was er zu tun hat. Es ist ihm von nun an nicht mehr erlaubt, an der Trommel zu sitzen. Er kann zwar noch zu Tänzen gehen, aber er muß ruhig sitzenbleiben, dies gilt bis ans Ende seines Lebens. Diese Pfeilmänner können den neuen Hüter der Pfeile bei seinen täglichen Handlungen beraten und ihm sagen, was er zu tun hat. Mein Großvater wurde durch viele wirklich alte Männer eingeführt, alte Pfeilmänner, die zu unserem Haus kamen. Dann lehrte ihn das Heilige Pfeiltipi. Zu der Zeit gab es zwölf Pfeilmänner, jetzt gibt es sechzehn, aber seltsamerweise niemals mehr als sechzehn. So ist es auch in den alten Zeiten gewesen – sie sterben. Es ist eher ein erwählter Kreis, nicht wie in der Zeremonie der Neuen Lebenshütte. Sie haben ungefähr zweihundert oder dreihundert Neue-Lebenshütte-Männer. Aber das ist nicht der eigentliche Tsistsistas-Weg, das ist mehr Suhtai. Sie benutzen auch die Farbe der Arapaho.

Wenn die Zeit kommt, einen neuen Pfeilhüter zu wählen, versuchen wir eine Persönlichkeit zu finden, die wir respektieren und schätzen, jemanden, der höflich, freundlich und großzügig ist, mit starkem Charakter. Was hat der Mann – egal welcher Kriegergesellschaft er angehört – in seinem Leben erreicht, für was hat er gesorgt? Vor allem muß er ein Vollblut-Cheyenne sein, jemand, der versteht, hört und sieht wie ein Cheyenne. Es muß kein Krieger oder Zeremonienmann sein, er muß nur diese guten Charaktereigenschaften besitzen und den Cheyenne-Weg kennen. Das ist es, wonach wir Ausschau halten, wenn die Zeit kommt. einen neuen zu wählen. Es ist nicht vererbbar, der Pfeilhüter wird gewählt. Wäre ich Pfeilhüter und hätte fünf Söhne, könnten sie deshalb nicht meine Nachfolge antreten, denn es wäre möglich, daß sie sich nicht entsprechend verhalten.

Der Hüter der Heiligen Pfeile ist über allen. Er ist ein Heiliger Mann und beschützt uns durch seine Gebete. Er besetzt die Position unseres Propheten Motseyoef (Sweet Medicine), bis dieser zu uns zurückkehrt. Zweimal am Tag betet der Pfeilhüter für alles Lebendige auf Erden. Ein Pfeilhüter muß alles hinter sich lassen, er muß sein ganzes Leben den Pfeilen weihen. Was immer ihm und seiner Familie widerfährt, geschieht auch seinem Volk. Als sie meinen Großvater zum Pfeilhüter wählten, erhöhten sie ihn. Er ist der Häuptling aller anderen Häuptlinge. Er ist der Vater aller Menschen. Seine Frau Minni (Shell Woman) ist die Mutter aller Menschen. Sie muß ihre Speisen auf bestimmte Art zubereiten und ihr Haus in Ordnung halten. Es gab bestimmte Dinge, die die Frau des Pfeilhüters in der alten Zeit zu tun hatte, als noch alle Stammesmitglieder zusammenlebten. Nachdem man uns trennte, konnten sie nicht mehr getan werden. Sie und der Pfeilhüter sind ein Beispiel für den ganzen Stamm. So wie sie leben, wird auch der Stamm leben. Aber viele unseres Volkes sehen es nicht mehr so.

Nachdem mein Großvater Pfeilhüter geworden war, hatten wir auf das zu achten, was wir taten, auf welche Weise wir lebten und uns verhielten. Es war, als stünde diese Familie in der Mitte und alle anderen um uns herum, uns beobachtend. Wann immer wir ausgingen, mußten wir uns in einer bestimmten Weise verhalten. Auch die Kinder wurden ständig darauf aufmerksam gemacht. Wir sagten ihnen, daß die Leute sie beobachteten. Es ist nicht leicht, so zu leben. Einige mögen denken, es wäre nichts dabei, aber das ist nicht richtig. Wir dachten die ganze Zeit daran. Wann immer der Pfeilhüter diesen Ort verließ, mußten wir jemanden bei den Pfeilen zurücklassen, entweder seine Frau oder seinen Sohn. Das ist nun mal Stammesgesetz. Entfernt sich der Pfeilhüter für längere Zeit, dann wird diese Aufgabe den Häuptlingen übertragen. Immer muß ihn jemand begleiten, wenn er den Platz verläßt. In einer Menschenmenge darf niemand vor ihm passieren. Erst nachdem wir einen Stock vor ihn hingelegt haben, können die Leute vorbeigehen. Bei einer Versammlung ist der Pfeilhüter der letzte, der spricht, er hat das letzte Wort. Er geht zuerst hinaus, dann alle anderen. Es ist gut, ihm Wasser zu reichen. Aber anstatt irgendwo hinzugehen, sollte er eigentlich zuhause bei den Pfeilen bleiben. Bevor der Weiße Mann kam, hielt sich ein Pfeilhüter die ganze Zeit dort auf. Little Man, der Großvater meiner Großmutter Minni, der auch Pfeilhüter gewesen ist, lebte noch mit der ganzen Familie im Pfeiltipi.

Die Häuptlinge haben die Autorität, einen neuen Pfeilhüter zu wählen. Mein Großvater wurde von den Häuptlingen gewählt. Er war ein guter Mann. Er verstand und sprach Cheyenne. Er hatte Pawnee-Blut. Es war Zeit, sich gegen ihn auszusprechen, bevor sie ihn wählten. Wenn die Häuptlinge nach keinem neuen Pfeilhüter Ausschau halten, können die Vormänner ihn wählen. Sie sind die Führer der verschiedenen Kriegergesellschaften, es gibt insgesamt sechzehn von ihnen. Sie sind dabei, wenn die Häuptlinge sich treffen. Zwei der Vormänner sitzen hinten im Tipi als Türwächter. Sie berichten an die Kriegergesellschaften und tragen den Häuptlingen Probleme vor. Wenn die Hoof Rattler einen bestimmten Mann zum Pfeilhüter machen wollen, bieten sie vier Pferde. Die Dog Soldiers, die ihn nicht möchten, geben acht Pferde und so weiter. Es wird zwar gesagt, daß Häuptlinge und Vormänner die Wahl des Pfeilhüters treffen, es sind aber die Pfeilmänner, die es ihnen vorgeben. Sie müssen zuerst mit den Pfeilmännern sprechen und führen dann aus, was diese ihnen vorschlagen.

Es gibt so etwas wie eine königliche Blutlinie, in der die Pfeilhüter gewählt werden, sie kommen aus der Bowstring Band. Vier Kriegergesellschaften wurden unserem Volk durch unseren Propheten gegeben: Bowstring, Hoof Rattler, Kit Fox und Dog Soldiers. Diese vier Gesellschaften sind die ursprünglichen vier Cheyenne-Gruppen. Sie wurden immer größer, und einige Leute fingen an, weiter von den anderen weg zu campieren. Später wurden diese dann als Clans bekannt, von denen es recht viele gibt. Mein Großvater ist aus der Bowstring Band. Er war Vormann und Sprecher für alle Kriegergesellschaften, für den ganzen Stamm. Mein Vater hat heute dieselbe Position. Er gehört zu den Omaha-Kriegern, wie der Vater meiner Großmutter Minni. Die Omahas sind erst spät entstanden, in den zwanziger oder dreißiger Jahren.

Sie wurden von starken, traditionsbewußten Männern gegründet, allerdings gehören sie nicht zu einer der alten Kriegergesellschaften. Vor langer Zeit löste sich eine Gesellschaft auf, sie hatte wohl ihre Lieder und Rituale vergessen. Es waren die Red Shields. Ich selber bin in keiner dieser Kriegergesellschaften.

Es ist die Aufgabe der Häuptlinge und der Gesellschaften, für die Bedürfnisse des Pfeilhüters zu sorgen, für Nahrung und Kleidung. Die Häuptlinge sind Verwalter, sie müssen alles bereitstellen, was der Pfeilhüter benötigt. Einige bringen ihm etwas, aber viele tun es nicht. Es liegt in der Verantwortung der Häuptlinge, die Gedanken des Pfeilhüters in die Tat umzusetzen. Als Häuptlinge haben sie die Pflicht, das auszuführen, was er von ihnen verlangt. Wenn diese Männer bei einer wichtigen Versammlung sagen, wir werden es so oder so machen, und Wochen später haben sie es doch nicht getan, werden sie viel Ärger bekommen. Auch wenn sie nicht bei Treffen erscheinen, obwohl man sie erwartet hat. Scheinbar vergessen sie diese Dinge. Wenn du etwas entschieden hast, dann ist es entschieden, das ist Häuptlingsgesetz. Wir haben ein Sprichwort: »Sage niemals etwas, wenn du es nicht wirklich meinst.« Von allen wird erwartet, daß sie den Pfeilhüter respektieren und wertschätzen.

Nachdem Motseyoef den Heiligen Berg verlassen hatte und zu seinem Volk zurückgekehrt war, organisierte er Krieger und Häuptlinge. Er lehrte sie alles über die Heiligen Pfeile und gab ihnen die Gesetze des Stammes. Alles, was er lehrte, steht in einem inneren Zusammenhang, das eine kann nicht ohne das andere existieren. Zuerst organisierte der Prophet die Krieger, denn in der Vergangenheit war die Kraft kämpfender Männer mißbraucht worden. Man benötigte die Gesellschaften für bestimmte Arbeiten und als Polizei bei den Zeremonien. Motseyoef erzählte ihnen von einer Gruppe, die es einmal gegeben hatte, die sich Soldaten nannte und das Volk kontrollierte. Sie ermordete viele Männer, die sich ihnen widersetzten oder ihren Befehlen nicht folgten. »Von nun an wird es das nicht mehr geben«, sagte der Prophet. Die Menschen sollten einander lieben. Jeder, der ein Mitglied des Stammes tötete, wäre von nun an ein Ausgestoßener.

Er sprach zu ihnen: »Ihr Häuptlinge seid Friedensmacher. Wenn euer Sohn vor eurem Tipi getötet wird, raucht die Friedenspfeife, dann wird man euch einen ehrlichen Häuptling nennen. Wenn eure Männer ängstlich sind und zurückweichen, dürft ihr es nicht, sondern müßt standhaft euer Land und euer Volk verteidigen. Wenn Fremde kommen, seid ihr diejenigen, die ihnen Geschenke geben und Einladungen aussprechen. Wenn jemand zu eurem Tipi kommt und etwas erbittet, gebt es ihm, weist ihn niemals zurück. Geht dann vor euer Zelt und singt das Häuptlingslied, laßt alle Leute wissen, daß ihr etwas Gutes getan habt.« Häuptlinge müssen etwas für ihr Volk tun, das ist das Gesetz. Wenn den Menschen etwas Sorgen macht, ist es an den Häuptlingen und Vormännern, die Situation zu verbessern. Sie sollen für Witwen und Waisen sorgen und zwischen denen vermitteln, die sich streiten. Ein Häuptling muß tapfer sein im Krieg, großzügig in seiner Haltung, gemäßigt in seinem Temperament, umsichtig in seinen Entscheidungen, ausgestattet mit guter Urteilskraft. Ein guter Häuptling gibt sein ganzes Herz und seinen Verstand, um seinem Volk zu helfen.

Mein Großvater war Hüter des Blauen Himmels

Das war, bevor er die Heiligen Pfeile übernahm. Der Blaue Himmel wird in der Familie meines Großvaters seit vielen Generationen weitergegeben. Auch in der Pfeilzeremonie macht unsere Familie den Blauen Himmel, keine andere Familie war jemals damit betraut. Das Ritual hat außer uns noch niemand gesehen. Der Großvater meines Großvaters, Goes Out With Nothing (Pour Out), hatte den Blauen Himmel. Nachdem er gestorben war, behielt ihn seine Frau Pawnee Woman, denn den Blauen Himmel können auch die Frauen unserer Familie machen. Pawnee Woman reichte ihn weiter an Charles, ihren Sohn, den Vater meines Großvaters. Als Charles ihn an meinen Großvater Edward weitergab, schlachtete er ein Rind und lud viele Leute ein. Das war bereits vor sehr langer Zeit, Mitte der dreißiger Jahre, kurz nachdem meine Großeltern geheiratet hatten. Der alte Mann wurde blind, deshalb gab er den Blauen Himmel weiter. Er selbst lebte danach noch viele Jahre.

Als der alte Red Hat starb, nahm seine Tochter Sophie das Blaue-Himmels-Bündel an sich, obwohl es ihrem Bruder Edward gehörte, und behielt das Bündel über mehrere Jahre. In dieser Zeit verlor sie viele ihrer Kinder und bekam es mit der Angst. Sie gab das Bündel zurück an ihren Bruder, der damit umzugehen wußte. Das Bündel enthält ein Stück Süßwurzel, verfilzte Büffelwolle, eine steinerne Pfeilspitze und die Haut eines Büffelkalbs, in der wir den Sand für die Pfeilzeremonie transportieren.

Als sein Bruder in den Zweiten Weltkrieg zog, wünschte sich Großvater, daß Curley lebend zurückkäme, und schwor, ihn in den Blauen Himmel hineinzunehmen. Curley kam gesund nach Hause und wurde von Großvater eingeweiht. Der Bruder meiner Großmutter, Eddy Bull, kam ebenfalls aus dem Krieg zurück und Großvater nahm auch ihn in den Blauen Himmel hinein. Curley machte sich allerdings nie viel aus dem Cheyenne-Weg, teilweise weil er Angst hatte. Denn auf dem religiösen Weg kann man es auch übertreiben, entweder man geht zu stark oder man bleibt zurück. Am besten ist es, in der Mitte zu gehen, vielleicht lebt man dann länger. Curley wählte den leichten Weg der Mennoniten. Nun möchte er zum Blauen Himmel zurück und meinem Vater Wayne helfen, der den Blauen Himmel macht, seit Großvater für die Heiligen Pfeile sorgt.

Mein Großvater hat seine Aufgabe einmal so beschrieben: »Bevor ich dies beginne, bete ich, daß es ein Segen wird für alle Menschen. Der Blaue Himmel kommt von der Schöpfung, als Maheo (Gott) das Licht schuf und den Himmel. Es war dunkel, bevor er dies tat. Wenn wir den Blauen Himmel machen, muß das Tipi von oben bis unten geschlossen sein. Alles ist still. Im Lager halten die Kriegergesellschaften jeden zur Ruhe an. Zum Zeitpunkt der Schöpfung war Maheo da, und alles war ruhig. Wenn wir das Feuer anzünden, um das Glas herzustellen, ist es wie beim Backen. Nachdem Maheo Nahrung, Wasser und alles andere geschaffen hatte, begann alles zu wachsen. Das Feuer im Tipi repräsentiert die Hitze der Sonne, die alles wachsen läßt. Die Menschen bekommen diese Ver-

28

günstigungen direkt von Maheo durch Sweet Medicine, der vor vielen Jahrhunderten unser Prophet war. Das Herstellen des Blauen Himmels ist ein Beispiel dafür, wie er die Schöpfung begann. Wenn ein Tsistsistas die Pfeilzeremonie verspricht, fange ich mit meiner Arbeit an und mache den Blauen Himmel. Manchmal bricht dabei das Glas oder es gelingt aus anderen Gründen nicht. Das geschieht, wenn der Betreffende nicht genügend Glauben besitzt, vielleicht glaubt er nur zur Hälfte. Wenn der Mann aufrichtig ist, wird alles so gelingen, wie es soll. Im Tipi wird es kühl sein, der Rauch wird nicht tief hängen und alles wird ruhig sein und angenehm.«

Der alte Charles Red Hat kochte vor vielen Jahren die Perlen und machte so den Blauen Himmel. Als die Männer während der Zeremonie kamen, um das Objekt zu holen, zerbrach es. Den ganzen nächsten Tag über versuchten sie, einen neuen Himmel herzustellen, aber es gelang ihnen nicht, bis sie sagten: »Jener Klan sollte mit demjenigen rauchen, der die Zeremonie gelobt hat.« Nachdem das getan worden war, ging alles in Ordnung.

Als mein Vater den Blauen Himmel zum ersten Mal machte, stellte er das Blaue-Himmels-Tipi mit dem Eingang nach Norden auf. Vater, seine Schwester Gladys und ich gingen hinein. Es war elf Uhr morgens, erst gegen Abend kamen wir wieder heraus. Der Eingang des Tipis war ganz fest verschlossen, so daß niemand sonst herein konnte. Wir dichteten auch den Boden des Tipis sehr gut ab. Es war sehr heiß da drinnen. Der Rauch hing ungefähr einen Meter dick. Wenn ich meinen Arm nach oben streckte, fühlte es sich an wie weit über 40 Grad. Das erste Mal, als mein Vater das Ding auf der Messingplatte hatte, barst es in viele kleine Teile. Es zerfiel einfach, als er es berührte. Vater war sehr entmutigt und wollte aufhören, aber er hat es noch einmal versucht. Beim zweiten Mal klappte es. Dann haben wir Gladys angeleitet, den Blauen Himmel herzustellen, ihr zu Ehren, und alles ging gut. Als wir aus dem Tipi kamen, rieben wir uns mit dem Blauen Himmel ab. Auf diese Art segnet man sich selbst.

Wenn der Blaue Himmel geschaffen ist, kann jede Person kommen, die krank ist oder Hilfe braucht, um ihn zu berühren. Die Anwesenheit anderer Personen ist nicht notwendig.

Wer sich mit dem Blauen Himmel segnen möchte, ist willkommen. Die Linie der Blutsverwandten auf der Seite des Pfeilhüters, Jungen und Mädchen, sind diejenigen, die in das Tipi hineingehen können. Die Kinder meines Vaters und meine Kinder können hinein, aber nicht meine Frau Nelli (Holy Standing) und die Verwandten auf ihrer Seite. Nachdem ich mit meinem Vater im Blauen-Himmels-Tipi war, legte ich mein Gelöbnis für die Pfeilzeremonie ab. Hätte ich den Schwur vorher geleistet, hätte ich nicht mehr ins Tipi hinein gekonnt.

Wenn ein Cheyenne einen anderen Cheyenne tötet, muß der Blaue Himmel neu geschaffen werden. Bei einem solchen Mord ist Blut auf den Heiligen Pfeilen, die mit einem neuen Blauen Himmel wieder gereinigt werden. Die stärkste Medizin, die in den Zeremonien benutzt wird, befindet sich ebenfalls im Blauen-Himmels-Bündel. Die Leute können kommen und darum bitten, für sie den Blauen Himmel zu machen, wenn sie dessen Segen für ihre Familie wünschen. Irgendwie ist er heiliger als alles andere. Die Weißen wissen nichts über unseren Blauen Himmel, mit dem alles beginnt. Er wird für die Pfeilzeremonie gebraucht und repräsentiert den blauen Himmel selbst. Ich habe gesehen, wie es gemacht wird; mein Vater hat gesehen, wie es gemacht wird. Ob alles gelingt, hängt davon ab, was mein Vater im Tipi ausführt, und von den Personen draußen, die ihr Gelöbnis abgelegt haben. Es kommt darauf an, wie aufrichtig sie sind. Sind sie unsicher, klappt es nicht mit dem Blauen Himmel. Es ist zu mächtig, als daß man damit herumspielen könnte. Am Anfang besaßen die Cheyenne ein anderes Bündel, aber es hatte zuviel Macht. Als sie es öffneten, fielen die Gegner sofort tot um. Sie sprachen: »Das ist zu mächtig für uns. Wir wollen es zurückgeben, denn wir können nicht richtig damit umgehen.« Daraufhin gaben sie das Bündel zurück.

Einmal bewegte sich ein Tornado in unsere Richtung. Eine riesige schwarze Wolke hing weit auf den Boden herab, und man konnte sie kommen sehen. Großvater holte seine Pfeife und betete. Die Wolke zog wieder höher hinauf und verschwand in Richtung Südost. Großvater hat die Macht, diese Dinge zu kontrollieren. Die Elemente könnten allerdings wütend werden, wenn sie das hören, denn »kontrollieren« ist nicht das richtige Wort. Er kann zu ihnen sprechen, und sie hören ihm zu. Ein anderes Mal, als wir zum Bear Butte fuhren, befand sich das Auto, in dem der Pfeilhüter saß, bereits ein ganzes Stück vor uns auf der Straße, die zum Campingplatz führt. Aus dem Nichts formte sich plötzlich eine riesige schwarze Wolke über dem Heiligen Berg. Sie öffnete sich in der Mitte, und das Licht der Sonne fiel direkt auf sein Auto. Als sie den Parkplatz erreichten, brach die Wolke weiter auf, und das Licht schien auf den ganzen Parkplatz, wo mein Großvater gerade aus dem Auto stieg. Nachdem sie mir von der Macht meines Großvaters erzählt hatten, habe ich niemals wieder Angst gehabt. Er ging auch nie hinunter in den Tornado-Schutzbunker, der sich auf unserem Grundstück befindet, er benutzte ihn als Vorratsraum. Die Cheyenne haben auch keine Angst vor einem Atomkrieg. Wir haben die Kraft, diese Wolken vorbeiziehen zu lassen oder sie aufzubrechen.

Der Onkel meiner Großmutter hatte vor sehr langer Zeit einen Traum, er sah den Pfeilhüter an der Seite eines Tornados. Großvater schwang sein schwarzes Taschentuch, er ließ es in der Luft rotieren. Mein Vater hatte vor kurzem einen ähnlichen Traum, auch er sah meinen Großvater zusammen mit einem Tornado fliegen und sein schwarzes Taschentuch schwenken. Das ist der Hüter des Blauen Himmels. Das ist es, was der Hüter des Blauen Himmels wirklich macht. Indianer werden nie von Tornados getroffen, sie helfen uns. Es gibt gute und es gibt böse Tornados. Wenn ein starker Sturm aufkommt, verbrennen wir Zedernholz. Die Geister lieben den Geruch, er beruhigt sie. Gestern nacht, als der Sturm aus dem Südwesten auf uns zukam, wollte meine Großmutter, daß ich etwas unternehme. Ich ging hinaus und habe gebetet. Ich spaltete den Sturm, und er zog an uns vorüber. Wenn diese Kräfte vorbeiziehen, muß man still sitzen, so beweist man seinen Respekt. Macht man es nicht, werden sie einem schon beibringen, wer der Stärkere ist. Niemand sollte draußen herumlaufen oder sich sonstwie bewegen. Während eines Sturms muß ich meine Pfeife auf den Boden legen, da sie mit dem Gewitter verbunden ist. Auch im Pfeiltipi gibt es kleine Tornados. Sie kommen aus dem Feuer und bewegen sich wieder hinein. Ich fragte Großvater, was sie bedeuten. Er erzählte mir, daß die kleinen Wirbelwinde ein gutes Zeichen seien, daß sie hier wären, um uns zu beschützen. Es ist ebenfalls ein gutes Zeichen, wenn im Tipi der Rauch über den Kopf der anwesenden Personen steigt. Wenn jemand nicht aufrichtig glaubt, bleibt der Rauch dicht über dem Boden hängen.

Wann immer Zeremonialmänner zusammenkommen, fängt der Wind an zu wehen. Vor einigen Tagen rauchten wir die Pfeife meines Vaters auf einem Platz nordöstlich des Pfeiltipis. Wir saßen am Boden vor einem kleinen Feuer. Als wir die Pfeife rauchten, kam ein ziemlich großer Wirbelwind den Hügel herab und bewegte sich hinüber zum Baum mit den Opfergaben. Zur selben Zeit kam aus dem Norden ein leichter Wind auf. Beide trafen sich und reisten gemeinsam weiter. Es war nur Wind, der ein paar Blätter aufnahm und sie durcheinanderwirbelte. Anderntags, als wir den Abfall verbrannten, kamen sie wieder, diesmal waren sie allerdings viel größer, fast einen Meter hoch. Wirbelwinde sind immer da, wenn wir ein Feuer verbrennen, sie erscheinen, wann immer sie wollen. Als ich noch klein war und Zeremonialmänner zu Besuch kamen, riefen meine Mutter und meine Großmutter uns Kinder ins Haus, selbst wenn es draußen sehr heiß war. Sie erklärten uns auch warum, unser Lärmen hätte die Männer ärgerlich stimmen können. Natürlich begannen wir, Fragen zu stellen – auf diese Weise wurden wir unterrichtet.

Wenn die Sturmwolken herumwirbelten und näher kamen, riefen die alten Cheyenne: »Geht spielt woanders, geht dahin, wo die Weißen Leute sind.« Eines Tages gab es eine Tornado-Warnung, als wir uns gerade in einem der Geschäfte der Stadt befanden. Die Besitzerin bat uns, in ihrem Laden zu bleiben, da sie wußte, daß Indianer nicht von Tornados getroffen werden. Vor einigen Nächten überquerten zum Beispiel dreißig Tornados den Nordwesten Oklahomas, von denen aber kein einziger hier vorbeikam. Wenn es draußen sehr stürmisch und windig ist, sagen die Cheyenne: »Unser Vater schüttelt seine weiße Schärpe.« Das ist ein weißes Stück Tuch, das der Pfeilhüter um seine Hüften trägt – welches er allerdings nicht ausschütteln sollte. Einige sagen auch: »Der Wind weht heute so stark, der Pfeilhüter betet sehr kräftig.« Wenn der Wind sich dann beruhigt: »Es ist jetzt ganz ruhig. Es muß in Ordnung sein, alles scheint jetzt gut zu sein.« So denken die Cheyenne. Es ist das gleiche mit den Pfeilmännern. Wenn sie sich nicht wohlfühlen oder durch etwas gestört werden, fängt der Wind an zu wehen.

Mein Großvater hütete auch einen Hirschschwanz, der das Haar unseres Propheten Motseyoef symbolisiert. Es ist eine Liebes-Medizin. Er gab ihn später weiter an meinen Bruder Edward.

Motseyoef gab uns die Heiligen Pfeile

Diese vier Pfeile gehören allen Männern des Stammes, von den jüngsten bis hin zu den ältesten. Wir erhielten sie vor sehr langer Zeit in unserem Heimatland, den Black Hills, auf unserem Heiligen Berg, Nowah'wus. Motseyoef, den wir Sweet Medicine nennen, brachte alles zu unserem Volk, die Pfeile, die Zeremonien, die Nahrung – alles, was wir haben.

Mein Großvater möchte, daß die Weißen erfahren, daß auch wir eine überlieferte Geschichte haben, die der Weihnachtsgeschichte der Christen sehr ähnlich ist. Ein Stern stand am Himmel, als Jesus geboren wurde, und auch die Geburt unseres Propheten Motseyoef hat etwas mit den Sternen zu tun. Der Pfeilhüter muß beten, bevor er eine Geschichte erzählt. Manchmal, wenn er es vergißt und wir ihn dabei auf Tonband aufnehmen wollen, funktioniert es nicht. Während er eine Geschichte erzählt, betet er oft drei- oder viermal. Ich nehme an, es gibt da Stellen, an denen man beten muß. Manchmal dachte ich schon, er betet, anstatt zu erzählen:

»Ich werde die Geschichte unseres Propheten erzählen – wie er zu uns auf die Erde kam. Eines Nachts schliefen zwei Mädchen in einem Tipi. Bevor sie einschliefen, sagte eine von ihnen: ›Schau doch, da oben am Himmel der hell leuchtende Stern, und dort, der schwache Stern!‹ Die andere fragte: ›Welchen möchtest du heiraten, den hellen oder den schwachen Stern?‹ Das Mädchen antwortete: ›Ich heirate den hell leuchtenden Stern.‹ Die andere entschied sich für den matten Stern. Beide schliefen ein und flogen hinauf zu den Sternen. Als sie im Himmel ankamen, war der helle Stern ein alter Mann und der schwache Stern ein Jüngling. Zuerst heiratete der alte Mann das Mädchen, das den hellen Stern gewählt hatte, danach vermählte sich der junge Mann mit dem anderen.

Die Männer jagten Büffel und viele andere Tiere. Wenn sie das Erlegte nach Hause brachten, übernahmen ihre Frauen das Schlachten und Gerben der Häute. Der junge Mann bat seine Frau, niemals die Wurzeln der wilden weißen Rübe auszugraben, über die Büffelspuren liefen. Für einige Zeit konnte sie diesem Wunsch widerstehen, dann ging sie, um sich die wilde Kartoffel zu holen. Als die Frau die Knolle ausgrub, bildete sich ein großes Loch, durch das sie bis hinunter auf die Erde sehen konnte. Die Frau fing an, sich ein langes Band aus Büffelleder zu flechten, an dem sie zur Erde hinabsteigen wollte. Immer wieder ließ sie das Band durch die Öffnung hinunter, um zu prüfen, ob es schon lang genug wäre. Wenn es nicht reichte, schnitt sie neue Lederstreifen und band sie zusammen. In dieser Zeit erwartete die junge Frau bereits ein Kind. Als das Leder bis zur Erde reichte und den Boden berührte, ließ sie sich daran herab. Aber das Band reichte nur bis zu den Ästen der Bäume, und so blieb ihr nichts anderes übrig, als sich fallen zu lassen. Bevor sie auf dem Boden aufschlug, wurde ihr Kind geboren: Das war Motseyoef.

Ein altes Paar war gerade dabei, Gras für sein Bett zu schneiden – es waren die ersten Cheyenne. Die alte Frau hörte das Baby schreien. Sie ging es suchen und fand es nahe bei einer Wasserquelle. Als die alte Frau das Kind auf dem Boden liegen sah, rief sie: ›Dies ist mein Enkel, dies soll mein Enkelsohn werden!‹ Sie hob den Jungen auf und trug ihn nach Hause, wo die beiden Alten gut für ihn sorgten. Der Junge wuchs heran, und als er groß genug geworden war, gingen sie zusammen mit ihm auf Wanderschaft. Der Junge bat seinen Großvater, ihm Pfeil und Bogen zu machen. Der alte Mann gab sie ihm. Der Knabe fragte: ›Großvater, bist du hungrig?‹ – ›Ja, ich bin hungrig‹, antwortete der alte Mann. Nun verlangte der Junge einen Ball – eigentlich einen Reifen aus Leder, zu dem ein Stock gehörte. Diesen Reifen mußte der Alte neben seinem Enkel herrollen. Plötzlich sah der Junge einen einjährigen Büffel und schoß ihm ins Herz – er traf sein Ziel genau ins

Zentrum. Motseyoef rief seinem Großvater zu: ›Lauf zum Aschehaufen und tritt hinein, verstreue die Asche!‹ Sobald sein Großvater das getan hatte, kam ein großer Winter. Der alte Mann schlachtete den jungen Büffel und gab die Haut seinem Enkel, zum Schutz vor der Kälte. Und so ging es weiter. Der Junge wurde älter, und jedes Jahr taten sie das gleiche. Beim nächsten Mal erlegte der Junge einen zweijährigen Büffel, und wieder mußte der Großvater in die Asche treten. Der alte Mann und die alte Frau schlachteten die Büffel und trockneten das Fleisch. Sie hatten viel davon – sie aßen viel gutes Fleisch. Sweet Medicine lehrte sie, es zuzubereiten – er zeigte ihnen die Nutzung des Büffels. Dann führte er sie zu einer wilden Frucht und sprach zu ihnen: ›Das ist die Frucht, die ihr während des Sommers trocknen werdet, um sie im Winter zu essen.‹ Vier Jahre ging das so.

Als der Junge groß war, hatte er genügend Kraft, um bei seinem Großvater zu sein. Jedesmal, wenn dieser ihm etwas auftrug, bat er seinen Großvater auch um etwas. Motseyoef sprach zu ihm: ›Wir haben jetzt sehr viel Fleisch. In einiger Entfernung befindet sich ein großes Lager. Wenn die Krähe hier vorbeifliegt, werden wir sie anhalten, damit sie von dem Fleisch etwas ins andere Lager bringt.‹ Auf diese Weise versorgte er die Menschen während des Winters, als es schneite. Motseyoef vollbrachte eine ganze Reihe ähnlicher Taten, er war sehr intelligent und mächtig. Eines Tages, als er auf der Jagd war, tötete und schlachtete er einen Büffel. Die Haut wollte er für einen besonderen Zweck mit nach Hause nehmen, aber bevor er das tun konnte, kam ein alter Mann vorbei und nahm sie sich. Sweet Medicine versuchte, mit ihm zu reden, doch bald entbrannte um diese Haut ein heftiger Kampf. Er schlug dem alten Mann mit einem Beinknochen auf den Kopf und ließ den Alten dann liegen. Als Motseyoef ins Lager zurückkam, hatte sich die Nachricht über das Ereignis bereits verbreitet. In jenen Tagen regierten die Starken den Stamm, und so wollten die Männer Motseyoef bestrafen. Sie verfolgten ihn, doch er entkam. Er lief über fünf Hügel davon und jedes Mal erschien er auf einem der Hügel im Kostüm einer der späteren Kriegergesellschaften. Auf dem fünften erschien er in der Kleidung der Häuptlinge. Von da an wurde Motseyoef vier Jahre nicht mehr gesehen.

Maheo führte Motseyoef in unseren Heiligen Berg, No-wah'wus. Dort blieb er für vier Jahre bei den spirituellen Wesen, den maiyun. Diese Wesen brachten ihm alles bei, was die Cheyenne für ihr Leben brauchten, die Organisation der Stammesregierung und die religiösen Zeremonien, die wir bis zum heutigen Tage durchführen. Während sich Motseyoef im Heiligen Berg aufhielt, wurden ihm von den maiyun vier Heilige Pfeile übergegeben. Dann forderten die maiyun Motseyoef auf, zurückzukehren und die Pfeile den Tsistsistas zu übergeben. Die Pfeile steckten in einem Köcher aus Fuchs-Haut, in dem sich noch einige andere Gegenstände befanden. Motseyoef erhielt den Auftrag, sein Volk darüber zu unter-richten, daß, solange sie diesen Weg, die vier Heiligen Pfeile, respektierten, es immer Cheyenne geben werde. Das ist unser Gesetz.

Bevor Motseyoef zu den Cheyenne zurückkehren durfte, zeigten ihm die spirituellen Wesen die erste Pfeilerneuerungs-Zeremonie – es war Frühling, die Zeit, in der neues Leben beginnt. Diese Pfeilerneuerung ist die höchste religiöse Zere-monie der Tsistsistas. Sie steht für die Erneuerung des Lebens, für eine Hinführung auf das neue Leben nach dem Tod. Sie ist die spirituelle Reinigung aller Tsistsistas, die Erneuerung des Glaubens und ein neuer Beginn für das folgende Jahr.

Als Sweet Medicine zu seinem Volk zurückgekehrt war, lehrte er die Menschen die Gesetze der Tsistsistas, die Organi-sation der Stammesregierung, die sozialen Gesetze und die religiösen Rituale in den Zeremonien. Er brachte uns die neue Lebensweise. Motseyoef ließ sie ein Tipi errichten und trug die Pfeile hinein. Ein neuer Pfeilhüter wurde gewählt – genauso wie heute. Er erklärte uns genau. wie es gemacht wird. Am

Pfeiltipi darf kein Metall benutzt werden, nur Büffelleder. In der alten Zeit wurden die Tipis noch aus Leder hergestellt, heute sind sie aus Segeltuch. Auch im Tipi darf man kein Metall tragen – keine Ringe, Ketten oder Glänzendes. Sie sagen, daß es den Blitz anzieht. Jeden Morgen muß der Pfeilhüter viermal gegen den rechten Eingangspfahl des Tipis schlagen, damit beginnt der neue Tag und alles andere. Im Tipi muß der Pfeilhüter ein Feuer entzünden und seine Pfeife rauchen. Dieses Pfeiltipi ist unser Heiliger Berg, unser Heim. Es ist auch eine Geisterhütte. Geister können hereinkommen – dieselben, die auch auf dem Nowah'wus lehren. Motseyoef lebte mit den Tsistsistas 445 Winter. In jedem Winter wurde er älter, in jedem Frühling wieder jünger. In dieser Zeit brachte er ihnen all das bei, was er von den maiyun gelernt hatte. Jedes Jahr lehrte er die Menschen etwas Neues.

Bevor Motseyoef die Tsistsistas verließ, sprach er zu ihnen: ›Meine Zeit ist gekommen, und ich muß diese Worte sprechen. Meine Freunde, früher war ich jung und rege, aber der Mensch lebt nur eine kurze Zeit. Nun bin ich alt und hilflos und bereit, euch zu verlassen. Von Maheo habe ich euch viele Dinge gebracht, zu eurem Nutzen. Lebt so, wie ich es euch gezeigt habe, und folgt den Gesetzen. Ihr dürft sie nicht vergessen, denn sie haben euch Stärke und die Fähigkeit gegeben, euch und eure Familien zu versorgen. Es kommt jedoch eine Zeit, in der sich vieles ändern wird. Fremde, genannt Erdmänner, werden unter euch erscheinen, ihre Haut ist hell und ihre Lebensform mächtig. Sie schneiden ihr Haar kurz und sprechen nicht die indianische Sprache. Folgt diesen Erdmännern nicht in dem, was sie tun, geht euren eigenen Weg, so lange ihr könnt, den Weg, den ich euch gezeigt habe. Zuletzt werden die Büffel verschwinden, und ein anderes Tier wird ihren Platz einnehmen. Ein glattes Tier mit langem Schwanz und gespaltenen Hufen, dessen Fleisch ihr essen werdet. Aber zuerst kommt ein anderes Tier, dessen Gebrauch ihr lernen müßt. Es hat einen zotteligen Hals und einen Schwanz, der fast den Boden berührt, seine Hufe sind rund. Dieses Tier wird euch auf seinem Rücken tragen und auch auf andere Art behilflich sein. Jene Berge sind weit entfernt – eine blaue Vision –, und es braucht viele Tage, um dorthin zu wandern. Mit diesem Tier

könnt ihr sehr schnell dort ankommen, deshalb habt keine
Angst vor ihm. Erinnert euch an das, was ich gesagt habe.
Aber am Ende werdet ihr euch nicht erinnern, eure Lebensweise wird sich verändern. Ihr werdet eure Religion für etwas
Neues aufgeben, den Respekt für eure Führer verlieren und
anfangen, miteinander zu streiten. Ihr werdet nicht mehr wissen, wer eure Verwandten sind, und Frauen aus euren eigenen
Familien heiraten. Ihr werdet euch der Lebensweise der Erdmänner anpassen und die guten Regeln vergessen, nach denen
ihr gelebt habt. Am Ende werdet ihr schlimmer als verrückt
sein. Es tut mir leid, diese Dinge zu sagen, aber ich habe sie
gesehen. Ihr werdet erleben, daß sie sich bewahrheiten.‹

Motseyoef prophezeite den Cheyenne die Zukunft, die An-
kunft des Weißen Mannes und die Umweltveränderungen, die
heute eingetreten sind. Die Weißen Männer, Erdmänner, kämen aus dem Osten. Sie würden zu den Sternen und zum
Mond fliegen und den Cheyenne das Land wegnehmen. Verschiedene Rassen mit unterschiedlichen Sprachen würden zusammenkommen und sich vermischen. Motseyoef weinte
wegen der Not, die sein Volk zu erleiden hätte. Wenn die
Tsistsistas aber respektierten, was er ihnen gebracht hatte, und
durchhielten, dann könnten sie dies alles überstehen.

Als Motseyoef fühlte, daß seine Zeit gekommen war, wan-
derte er zurück zum Heiligen Berg. Er bat, ihn zum Sterben
allein zu lassen. Bevor die Menschen ihn verließen, bauten sie
ihm eine Hütte und versorgten ihn mit Nahrung und Wasser.
Wenn jemand alleine sterben will, muß man das respektieren.
Wegen des herannahenden langen Winters zog der Stamm
weiter nach Süden in ein wärmeres Klima. Nachdem die
Cheyenne schon eine ganze Weile gewandert waren, sagten
sie: ›Wir müssen umkehren und den Mann dazu bewegen, mit
uns zu gehen. Wir können ihn nicht sich selbst überlassen.‹ Sie
kehrten um und sprachen zu ihm: ›Du mußt mit uns kommen.
Wir ziehen nach Süden. Es gibt dort Wild und viele Büffel.‹
Aber Motseyoef antwortete: ›Ich bleibe hier. Ich habe die
Gesellschaft verlassen, ich bleibe.‹ Viermal gingen die Cheyenne zurück, um ihn zu holen. Nach dem vierten Mal wanderten sie weiter und ließen ihn allein zurück. Am selben Tag zog
ein fürchterlicher Sturm auf, es donnerte und blitzte, der Him-

mel wurde sehr dunkel und die Erde zitterte. Sie wußten, daß es seinetwegen geschah, und bekamen Angst. Sie schickten einige Männer zurück zum Heiligen Berg, die nach Motseyoef sehen sollten. Als diese dort ankamen, fanden sie an der Stelle, an der sie ihn verlassen hatten, nur einen Kreis junger Hartriegel-Bäume – das war alles, was sie sahen.

Einige Cheyenne sagen, Motseyoef wäre noch heute dort auf dem Berg, andere sagen, er wäre irgendwohin zurückgekehrt. Das ist einer der Gründe, weshalb auch wir immer wieder zum Heiligen Berg zurückkehren. Jeder Cheyenne versucht, in seinem Leben zumindest eine Pilgerfahrt zum Nowah'wus zu machen. Motseyoef haben die Cheyenne nie wieder gesehen. Die alten Leute erinnerten sich noch an all die Regeln und Gesetze, die er für uns gemacht hat. Das ist der Weg, den heute alles geht. Die Geschichte ist eigentlich wesentlich länger – ich kann sie jetzt aber nicht ganz wiedergeben. Einige erzählen diese Geschichte anders – aber so habe ich sie viele Male gehört.

In der Pfeilzeremonie führen wir noch immer die Dinge durch, die Motseyoef uns gelehrt hat. Ich muß jedesmal daran denken, wenn wir zum Heiligen Berg gehen. Es scheint, als hätten wir dort noch immer das erste Pfeiltipi. Wenn ich mein Tipi hinaufbringe, fühle ich mich wie das Tipi und der Berg. Viele von uns gehen auf den Heiligen Berg, rauchen die Pfeife und fasten. Die Menschen glauben fest daran, daß dort etwas ist. Aber wir sollten es in Ruhe lassen, es sei denn, wir verstehen etwas davon. Die Weißen sollten sich fernhalten – es ist heiliger Boden, ein heiliger Platz für uns Indianer. Wir bringen die Pfeile und das Tipi zurück zum Heiligen Berg. An derselben Stelle, wo Motseyoef die erste Pfeilzeremonie abhielt, errichten auch wir unser Pfeiltipi und beginnen mit der Zeremonie. Wir bringen die Pfeile zurück zum Berg, um sie für das nächste Jahr zu erneuern. Daran hat sich bis heute nichts geändert. Dort fing unser Leben an – im Pfeiltipi. Dort im Berg lehrten die Geister die Menschen zu leben und zu überleben, egal, welch harte Zeiten auch auf sie zukämen. Wir erinnern uns an diese Dinge, wenn wir dort hinaufgehen – und so beten wir auch. Wir wollen uns all das nicht zerstören lassen. Noch immer benutzen wir die Heiligen Pfeile.

Ich bin derjenige, der versucht, den Frieden zu halten. Jeden Morgen gehe ich in das Pfeiltipi und bete. Ich bete für mein Volk. Und ich hüte das Feuer. Es gibt etwas, das uns Cheyenne noch immer hält. Wir machen heutzutage vieles, ohne zu wissen, was wir tun. Jetzt leben wir genauso, wie Motseyoef es uns in seiner Prophezeiung geweissagt hat – daß etwas käme, das uns von unserem Ursprung wegführen würde. Ich bete in seinem Sinne und möchte derjenige sein, der noch mehr darüber sagen wird. Es gibt vieles, was noch in Bewegung ist. Ich möchte damit weitermachen, solange ich kann.«

Dies ist das spirituelle Band, das die Menschen zusammenhält und ihnen die Stärke gibt, alles zu ertragen und vereint zu bleiben. Darum haben wir uns entschieden, unseren Cheyenne-Weg für die gegenwärtigen und zukünftigen Generationen zu erhalten. Unsere Cheyenne-Lebensweise ist einmalig. Historiker und Schriftsteller haben versucht, unsere Geschichte und Philosophie auf Papier zu beschreiben, eines hat sich aber ihrem Verständnis entzogen – unzerstörbarer Glaube läßt sich nicht erklären. Seit Jahrhunderten haben die Tsistsistas die Gesetze Motseyoefs befolgt, und es ist unsere Hoffnung, dies für alle Nachfahren und zukünftigen Generationen fortzusetzen. Alle anderen Stämme hier in Oklahoma haben ihre Zeremonien verloren, die Cheyenne-Zeremonien sind die letzten, die überlebt haben. Wir müssen und wir werden unsere Cheyenne-Tradition und Kultur lebendig halten. Der Pfeilhüter, mein Großvater, hält jetzt die Position von Motseyoef. Er ist der höchste spirituelle Führer. Er trägt die Last unserer Cheyenne-Identität.

Als Motseyoef die Cheyenne verließ, verwandelte er sich in den Morgenstern. Seinem Volk hatte er gesagt, daß er eines Tages zurückkäme – wenn ein Kind mit langen grauen Haaren und Zähnen geboren wird, das aussieht wie ein alter Mann. Das ist das Ende für die Cheyenne. Dann wird es eine Veränderung geben, ob zum Guten oder zum Schlechten, das wissen wir nicht. Entweder sterben wir alle, oder er schießt uns mit einer Rakete hinauf in den Himmel. Vielleicht sterben wir alle hier unten und gehen dann gemeinsam fort.

Der Pfeilhüter ist an das Gesetz des Tipis gebunden

Alle Pfeilhüter erhalten ihre Instruktionen vom Pfeiltipi selbst. Einige Informationen gehen verloren, andere verbleiben mit dem Tipi. Nach dem Tod eines Pfeilhüters ist es ein Informationsspeicher für seine Nachfolger. Die Instruktionen, die die Pfeilhüter dort erhalten, gehen weit über das hinaus, was sie vorher wußten. Ein Pfeilhüter, der sich diesem ganz öffnet und Informationen erbittet, bestimmt durch seine Ernsthaftigkeit und sein Verhalten, ob die Geister ihm ihren Rat geben oder nicht. Der Pfeilhüter meditiert im Pfeiltipi. Mein Großvater hat viele Male mit Motseyoef gesprochen, er hört da drinnen tatsächlich Stimmen. Jeder muß das für sich selbst herausfinden. Der Pfeilhüter macht die Geister zu Richtern über sein ganzes Handeln. Er trifft seine eigenen Entscheidungen in der Kommunikation mit den Geistern.

Noch vor siebzig oder achtzig Jahren hatten sie in der Pfeilzeremonie ein Ritual, das die eigentliche Geisterhütte war. Am
letzten Tag der Pfeilzeremonie kamen die verschiedenen Männer und Frauen mit ihren Medizinbündeln in das Pfeiltipi und
es wurde dadurch zur Geisterhütte. Die Medizinleute riefen
die Geister herbei und diese kamen, sieben von ihnen. Man
konnte ihnen Fragen über die Zukunft oder die Vergangenheit
stellen. Die Medizinmänner fesselten einen Mann und hängten
ihn im Tipi auf. Dann riefen sie die Geister. Wären diese nicht
gekommen, um ihn zu befreien, hätte der Mann sterben müssen. Als die Geister kamen, wackelte das Zelt, und oben im
Tipi waren die Rasseln zu hören. Auch verschiedene Stimmen
waren deutlich zu vernehmen. Die Medizinleute hatten verschiedene Lieder, Ruf-Lieder, Verabschiedungs-Lieder und
andere. Diese muß man kennen, sonst funktioniert es nicht.

White Crow aus Ceiling und Bearer aus Thomas konnten
die Geister rufen, denen sie dann Fragen stellten über die
Zukunft und vieles andere. Sie bauten dazu eine Schwitzhütte.
Wenn deren Eingang zum dritten Mal geöffnet wurde, kamen
die Geister. Mein Vater hat sie gehört, denn die Männer wollten, daß er den Eingang für sie öffnet. Sie sagten ihm, es wären
die Geister von Bear Butte. Insgesamt wurde der Eingang
fünfmal geöffnet. Es waren Leute in der Schwitzhütte, die
wissen wollten, ob sie ihren Sohn jemals wiedersehen würden,
den die Deutschen in Belgien gefangengenommen hatten. Die
Geister antworteten ihnen, daß sie ihren Sohn bald wiedersehen würden. Und nicht lange danach ist er tatsächlich nach
Hause gekommen.

Einmal gingen einige Männer in ein Tipi und fingen an zu
trommeln und zu singen. Plötzlich blitzte ein blaues Licht auf,
das sich durch das Zelt zu bewegen begann. Es flog hin und her
und prallte immer wieder gegen die Tipiwände. Die Männer
bekamen es mit der Angst und rannten hinaus. Sie hatten die
Geister gerufen, ohne es zu wissen.

Einige Jahre, nachdem mein Großvater das Pfeiltipi erhalten
hatte, vielleicht drei oder vier Jahre später, kamen Indianer
verschiedener Stämme zu uns. Sie wollten mit Großvater in
das Pfeiltipi gehen und beten. Einmal, als einige Besucher
bereit waren hineinzugehen, begannen sie vor Angst zu zit-

tern. Sie fragten meinen Großvater: »Bewahrst du da oben etwas auf, eine Glocke oder etwas ähnliches?« Sie hatten etwas im Tipi gehört. Mein Großvater antwortete ihnen: »Nein, da ist nichts!« Aber es sind die Geister, die sich dort oben aufhalten. Nachdem die Leute hineingegangen waren, hörten sie auf zu zittern. Viele Menschen haben Angst vor dem, was da drinnen ist. Aber wenn man keine Angst hat, geht alles in Ordnung. Als mein Großvater das Pfeiltipi bekam, fing er an, diese Dinge zu tun. Wir hatten immer Angst, ihm etwas Negatives zu sagen, aber er wußte ohnehin, was passieren würde. Er weiß von den Dingen, bevor wir es wissen.

Der Pfeilhüter ist der mächtigste Schamane des Stammes – die Pfeile können über eine weite Distanz töten. Was wir hier haben, ist sehr wirkungsvoll. Einige Leute haben Angst, in das Tipi zu gehen, bevor sie die Zeremonien durchlaufen haben. In der Pfeilzeremonie gebrauchen sie eine sehr starke Medizin. Sie beißen ein Stück davon ab, kauen es, und schnippen den Rest über das Feuer oder gegeneinander. Wenn sie das machen, fliegen blaue Funken heraus. Der Pfeilhüter trägt etwas mit sich, das mit Kraft aufgeladen ist – es ist pure Energie. Die Person, die dies trägt, hat dieselbe Kraft, sie ist zum Teil selbst Geist. Deshalb trägt der Pfeilhüter kleine Kohlestückchen mit sich, die wie Antipoden wirken. Andere Personen können ihn dann ohne Gefahr berühren. Ein Pfeilhüter besitzt Zauberkraft, er hat auch etwas dafür. Aber er muß es sich sehr genau überlegen, ob er diese Energie einsetzen will. Ein Pfeilhüter muß freundlich sein, er darf seine Macht nicht zum eigenen Vorteil nutzen. Wäre er keine Person von hoher ethischer Integrität, könnte er die Pfeile nehmen und sie gegen andere richten. Wenn der Pfeilhüter Schaden verursacht, ist er dafür verantwortlich. Sollte er die Geister in böser Absicht mißbrauchen, müßten seine Familienmitglieder darunter leiden.

Vor langer Zeit brachte ein Pfeilhüter die Pfeile zum Heiligen Berg. Die Regierung wollte dort testen, ob die Pfeile wirklich so mächtig wären, wie es sich die Leute erzählten. Die Männer, die aus Washington gekommen waren, gingen mit ihren Kameras in das Tipi hinein. Der Pfeilhüter öffnete das Bündel, und sie fotografierten. Aber alle Bilder waren schwarz, es war nichts darauf abgebildet. Sie versuchten es weiter und verbrauchten dabei sehr viel Film – aber alles blieb schwarz. Das macht deutlich, wie mächtig die Pfeile sind.

Ähnliches passiert auch bei meinem Großvater. Viele Leute möchten seine Worte auf Tonband aufnehmen. Sie legen ein Band ein und sagen zu ihm, er solle beten oder etwas erzählen. Wenn Großvater dann fertig ist und sie ihre Bänder abspielen, ist nichts zu hören. Manchmal nimmt es auf und manchmal nicht. Es gab einen Mann, einen Indianer, der vom Pfeilhüter Fotos machen wollte. Während er fotografierte, hörte er etwas oben im Tipi. Er bekam Angst und ging immer weiter rückwärts. Er gab auch zu, daß er Angst gehabt hatte. Wenn man vom Pfeilhüter und seinem Tipi ein Foto machen will, muß man zuerst beten, sonst funktioniert es nicht.

Ein anderer Mann wollte ausprobieren, wie mächtig die Pfeile sind. Er ging in das Pfeiltipi und kratzte sich darin an den Armen. Es ist jedoch im Tipi verboten, sich mit Fingernägeln zu kratzen, jeder benutzt dazu einen kleinen Stock. Als er am nächsten Morgen aus dem Bett aufstand, hatte er überall die Krätze. Sie sagen, er wäre kurze Zeit später daran gestorben.

Meine Schwester Eva hatte allen möglichen Ärger in ihrem Haus. Jemand klopfte an die Fenster und wenn sie nachschaute, war niemand da. Sie kam zu uns und sprach mit unserem Großvater darüber. Er sagte, daß es nicht richtig wäre, was Eugene da mache. Meine Schwester und ihre Kinder sollten nicht in dem Haus bleiben, es wäre verhext. Aber er könne ihnen helfen, er würde um das Haus herumgehen und für sie beten. Er wisse allerdings nicht, wie lange das vorhielte. Großvater fuhr hinüber, ging um das Haus und betete. Seitdem haben sie keine Probleme mehr.

Als ich noch in Wichita, Kansas, lebte, hatte ich einmal ziemliche Schwierigkeiten. Ich hatte damals ein Verhältnis mit einer verheirateten Frau, und als ihr Ehemann zurückkam, wollte er sich an mir rächen. Zur gleichen Zeit war jemand in der Stadt ermordet worden. Da wir in unserer Wohnung viele Waffen aufbewahrten, beschuldigte er mich, daß ich den Mann getötet hätte. Ich bin sofort nach Hause gefahren und habe meinem Großvater davon berichtet. Als ich ihren Ehemann das nächste Mal sah, spielte er Baseball. Nach der Hälfte des Spiels kam ein starkes Gewitter auf und ein Blitz traf den

Mann in den Kopf. Auf der Cheyenne-Reservation in Montana halten sie einen der seltenen weißen Büffel. Als Weiße kamen, um ihn wegzubringen, schlug ebenfalls ein Blitz ein, genau neben dem Tier. Die Leute fürchteten sich und brachten den weißen Büffel dahin zurück, wo sie ihn hergeholt hatten.

In der Nacht kommen die verschiedenen Geister, deshalb gehen wir nachts nicht gerne nach draußen. Auf unserem Grundstück haben wir schon des öfteren einen großen schwarzen Schatten gesehen. Ich gehe nachts zwar alleine hinaus, aber die Frauen verlassen das Haus nur gemeinsam mit anderen. Jeden Abend müssen wir die Geister der Kinder hereinrufen. Wenn wir es vergessen, bekommen die Kinder Schmerzen oder fühlen sich nicht wohl.

Einmal sprach mein Großvater zu mir: »Schau dir dies Raumschiff an.« Er zeigte mir einen kleinen Knochen, der wirklich aussah wie eines dieser Raumschiffe aus Science-fiction-Filmen. Er bewahrte ihn bei seinen Sachen auf. Großvater sagte: »Hier habe ich mein eigenes Raumschiff, es ist der Wirbelknochen einer Schildkröte!« Indianer können zum Mond fliegen, sogar noch weiter hinaus, aber sie brauchen dafür kein Space-shuttle. Wir warten. Wir warten auf die Zeit, wenn der Weiße Mann mit seinem Raumschiff diesen Ort wieder verläßt – auf demselben Weg, auf dem er gekommen ist. Dann wird das Land neu sein für die Indianer.

Wann immer mein Großvater unter den Geschehnissen litt oder nicht wußte, was zu tun war, ging er in sein Pfeiltipi. Er betete und rauchte seine Pfeife. Wenn er wieder aus dem Tipi kam, wußte er die Antworten. Er sagte dann: »Ich denke, alles wird gutgehen.« Großvater konnte diese Dinge am Rauch erkennen – es ist schon immer so gewesen. Er sagte zu mir: »Wenn du ein Problem hast und nicht weiter weißt, nimm deine Pfeife und rauche. Wenn du deine Pfeife rauchst, müssen deine Gedanken gut sein, denn sind sie es nicht, fügst du dir selber Schaden zu.« .

Die Pfeife ist wie ein geladenes Gewehr – sie kann verletzen. Alle Zeremonial-Pfeifen müssen im Rauch gereinigt werden, denn deren Stiel wird auch von den Geistern berührt. Mit seiner Pfeife trägt der Pfeilhüter ein Säckchen voll Tabak, der aus Sumach-Blättern hergestellt wird. Im Herbst pflücken wir die roten Blätter und legen sie zum Trocknen in die Sonne. In einem großen Topf wird das Nierenfett eines Büffels erhitzt, in dem die Blätter dann so lange geröstet werden, bis sie schwarz sind und zerkrümeln. Wenn man mit den Geistern raucht, muß alles Lebendige dabei repräsentiert sein – Nierenfett und Sumach repräsentieren die Erde und die Pflanzen. Diesen Tabak raucht der Pfeilhüter in seinem Tipi.

Der Pfeilhüter kann heilen

Der Empfänger muß jedoch an diesen Weg glauben, wenn nicht, kann der Pfeilhüter auch nichts machen. Er kann zwar anderen helfen, aber nicht sich selbst. Personen unterschiedlicher Stammeszugehörigkeit kommen zu meinem Großvater, auch viele Nicht-Indianer. Er betet für sie alle. Die Menschen suchen nach spiritueller Führung, sie wollen von ihm behandelt werden und bitten um den Segen für ihre Familie oder für sich selbst. Einige bringen ihre gesamte Familie mit, sie kommen dann mit zwei oder drei Wagen. Großvater nimmt sie dann alle mit ins Pfeiltipi. Oftmals kommen Leute, wenn wir nicht hier sind, dann wissen wir nicht, was geschieht. Und Großvater erzählt uns nichts – manchmal allerdings spricht er davon. Der Pfeilhüter darf niemanden zurückweisen, darf nicht für eine Partei Stellung beziehen – er ist für jeden da, der zu ihm kommt.

Eine Frau weinte, als sie zu Großvater kam. Sie brachte ihm viele verschiedene Dinge, Pendelton-Decken und Nahrungsmittel. Ihr Ehemann gab ihm etwas Geld. Großvater nahm die Frau mit ins Tipi und betete für sie. Die Frau ist gesund geworden, denn sie ist nicht wieder zum Tipi zurückgekehrt. Später trafen wir ihre Tochter und fragten nach dem Befinden der Mutter. Sie antwortete uns: »Sie ist in Ordnung, es geht ihr gut!«

Eines Nachts brachten sie eine Frau, eine Cherokee. Sie mußte gestützt werden, als sie sie ins Haus brachten. Sie konnte nicht mehr sprechen. Die Leute kamen sehr spät am Abend. Mein Großvater betete für sie im vorderen Raum, wir anderen warteten in der Küche. Als der Pfeilhüter mit seinem

Gebet fertig war, stand die Frau auf und fing an zu reden. Sie war sehr glücklich, wieder sprechen zu können. Das Haus konnte sie ohne Hilfe verlassen und war meinem Großvater sehr dankbar.

Einmal besuchten drei schwarze Frauen den Pfeilhüter, sie hatten von ihm gehört. Sie fragten, ob er für sie und ihre Familien beten könne. Das hat er getan, er hat sie nicht abgewiesen.

Ein Mann brachte seine Frau, sie war eine Weiße. Der Arzt hatte ihr gesagt, daß sie nur noch sechs Monate zu leben hätte. Beide hatten dem Pfeilhüter Geschenke mitgebracht. Großvater nahm das Ehepaar mit ins Tipi. Er betete für sie. Wir standen alle nahe beim Tipi, als sie herauskamen. Sie fragte: »Hast du Rasseln dort oben? Ich kann sie hören!« Sie war die einzige, die die Rasseln gehört hatte, sonst niemand. Später zog die Familie in eine andere Stadt. Die Frau lebte noch fast ein ganzes Jahr. Irgendwann mußte sie zur Chemotherapie ins Krankenhaus. Wäre sie die traditionellen vier Mal zum Tipi zurückgekehrt, hätte es ihr vielleicht geholfen, sie hätte wesentlich länger leben können. Die Familie war trotzdem froh, daß sie mehr Zeit mit ihren kleinen Kindern verbringen konnte. Die Kinder sind jetzt erwachsen und besuchen uns ab und zu. Die Geister sind noch immer da oben im Tipi und können helfen.

In Montana half mein Großvater Looking Turtles Mutter. Nach dem Ende der Neuen-Lebenshütte-Zeremonie bauten wir unser Lager ab. Looking Turtles Familie, die neben uns gezeltet hatte, kam zu uns herüber. Die Tochter sagte zu mir: »Meine Mutter kann kaum noch sprechen, wir können sie kaum noch verstehen. Wir bitten den Pfeilhüter, für sie zu beten. Kommt morgen abend, wenn wir wieder zu Hause sind, dann kann er sie behandeln. Wir essen mit euch, bevor ihr nach Oklahoma zurückfahrt.« Am nächsten Abend besuchten wir sie in ihrem Haus, es war überfüllt mit Familienmitgliedern. Mein Großvater behandelte die Mutter, er betete für sie. Als er damit fertig war, setzten wir uns alle zum Essen, das die Frauen schon vorbereitet hatten. Danach saßen wir herum und unterhielten uns. Plötzlich fing auch die Mutter an zu sprechen. Sie sprach Cheyenne, und das sehr schnell: »Ich bin froh und glücklich, daß ich wieder mit euch sprechen kann. Ich bin sehr glücklich. Ich rede sehr gern. Ich kann wieder sprechen!« Ihre Kinder haben sich auch sehr gefreut. Mein Großvater betete dann für sie alle, für die ganze Familie. Die Mutter sagte meinem Großvater, daß sie ihn nie vergessen würde. »Ich werde immer an dich denken«, sagte sie zu ihm. Am nächsten Morgen fuhren wir weiter nach Oklahoma. Pfeilhüter sind Personen mit sehr viel Kraft, meinen Großvater habe ich machtvolle Dinge vollbringen sehen.

Die Pfeilzeremonie wird zuerst durchgeführt

Alles muß nahe am Boden sein. Es herrscht Ruhe, niemand darf herumlaufen. Kommunikation entsteht zwischen den Menschen und den nicht-menschlichen Wesen. Einmal machte der Pfeilhüter uns auf einen Coyoten aufmerksam: »Er ist mit uns, er beobachtet uns!« Wenn die Zeremonie beginnt, dürfen Frauen nicht in die Richtung des Pfeiltipis schauen. Die Pfeilzeremonie ist ausschließlich für Tsistsistas. Die Arapaho sind zwar Freunde der Cheyenne, aber es gibt für sie keine Möglichkeit, an unserer Zeremonie teilzunehmen. In der Neuen Lebenshütte sind sie willkommen – nicht in der Pfeilzeremonie. In der Neuen Lebenshütte können sie allerdings auch nur bedingt teilnehmen, da sie unsere Sprache nicht verstehen.

Vor dem Beginn der Pfeilzeremonie zieht der Pfeilhüter hinaus auf den Zeremonialplatz und schlägt dort sein Lager auf. Die Kriegergesellschaften sind verpflichtet, ihm dabei zu helfen. Wenn alles vorüber ist, bringen sie ihn auch wieder zurück nach Hause. Erst wenn ein Pfeilhüter die Pfeilzeremonie viermal durchgeführt hat, wird er wirklich zum Pfeilhüter. Die Pfeilmänner schneiden dann einen Halbmond auf sein rechtes Schulterblatt. Es ist das Zeichen, daß er alle Bedingungen erfüllt hat.

Hat ein Mann das Gelübde für die Pfeilzeremonie abgelegt, wird er ebenso stark und mächtig wie der Pfeilhüter selbst. Niemand darf vor ihm hergehen. Es gelten sehr strenge Regeln, nach denen sich diese Männer und andere zu richten haben. Mit Sicherheit passiert etwas Negatives, wenn sie die

Gesetze nicht befolgen. In der Pfeilerneuerungs-Zeremonie gibt es immer einen Führer. Das ist der Mann, der sein Versprechen, durch die Zeremonie zu gehen, zuerst gibt. Wenn er sein Gelöbnis um ein Jahr verschiebt, macht ihn das im nächsten Jahr nicht automatisch zum Führer. Er muß seinen Schwur wiederholen und sich den Mächten erneut erklären. Es gibt verschiedene Dinge, die ein Führer in der Pfeilzeremonie zu tun hat. Der Schwur eines Pfeilhüters kommt immer zuerst. Bis zu vier Personen können die Pfeilerneuerung durchführen. Wer einen Eid leistet, selbst wenn niemand sonst anwesend ist, muß ihm Folge leisten – denn diese Kräfte hören zu. Ein Schwur für die Pfeilzeremonie kann auch vor einem der Pfeilmänner geleistet werden, in dem Fall kann derjenige ihn später wieder zurücknehmen.

Wenn sich ein Mann entschließt, durch die Pfeilzeremonie zu gehen, und den Schwur leistet, bindet er ein blaues oder rotes Stück Tuch an die Zweige des Baumes, der hier neben dem Pfeiltipi steht. Diese Tücher bewachen das Tipi. Sie bleiben dort hängen, bis Wind und Wetter sie zerstört haben. Die Geister wachen über diese jungen Männer und sorgen dafür, daß alles in Ordnung geht, bis sie die Zeremonie durchlaufen haben. Nördlich des Pfeiltipis bewahrt mein Großvater einige Büffelschädel auf, die sie in der Zeremonie benutzen. Sie sind mit roter und schwarzer Farbe bemalt.

Die Männer, die die Zeremonie geloben, haben das Recht, den Zeitpunkt für den Beginn der Pfeilzeremonie zu bestimmen. Bei der Versammlung, die zu diesem Zweck abgehalten wird, müssen sie den Kriegergesellschaften etwas zu essen anbieten. In allen Zeremonien sind die gereichten Speisen heilig. Während dieser Zusammenkunft wird auch über den Ort entschieden, an dem die Zeremonie stattfinden soll. In der alten Zeit wurde sie an verschiedenen Plätzen durchgeführt. Seit wir eingesperrt sind, haben wir nur das Land in Watonga, die Walking-Woman-Parzelle, die Chief Laird Cometsevah gehört. Während der Versammlung legen die verschiedenen Kriegergesellschaften Geld nieder und bestimmen damit, wann die Zeremonie beginnen soll. Wenn jemand etwas gegen das vorgeschlagene Datum einzuwenden hat, kann er ein anderes Treffen einberufen und mehr Geld niederlegen als die andere Gruppe. Es ist egal, wieviel Geld man gibt. Das ist aber nicht alles, was man tun muß. Wer das Geld niederlegt, dokumentiert damit nur seinen Entschluß, Verantwortung und Pflichten zu übernehmen. Man zahlt dafür, daß man derjenige sein darf, der all dies durchführt.

Zuerst müssen sie den Hüter des Blauen Himmels über den Beginn der Zeremonie unterrichten und sein Einverständnis einholen. Ohne den Blauen Himmel, die Erde und die Sterne können sie nicht anfangen.

Dann wird der Pfeilhüter informiert. Er zieht hinaus auf den Zeremonialplatz. Nachdem er sein Lager aufgeschlagen hat, kommen auch die anderen Familien und bauen ihre Zelte auf. Es gibt bestimmte Dinge, die jeder zu tun hat, jeder hat eine bestimmte Position. Früher haben sie noch gewußt, daß die Pfeilzeremonie im Frühling durchgeführt werden muß. Heute findet sie aus unterschiedlichen Gründen im Sommer statt, zusammen mit der Neuen Lebenshütte. Nach dem Gesetz Motseyoefs können Nicht-Indianer oder andere Stämme nicht an der Pfeilzeremonie teilnehmen, nur die Cheyenne. In der Neuen Lebenshütte können auch andere indianische Stämme einen Schwur leisten. Für Weiße und anderen Nationalitäten gibt es keine Erlaubnis.

Vieles geht zur Zeit vor sich. Die Menschen haben Unfälle, sie werden verletzt, sind krank und sterben. Darum entschloß sich mein Großvater, ein Gelübde für die Pfeilzeremonie abzulegen. Er schwor, seinem Volk zu helfen. Jeden Tag betet er in seinem Tipi, daß sich die Dinge gut entwickeln. In einem Traum erschien meinem Großvater Motseyoef und forderte ihn auf, ein neues Opfer für sein Volk zu bringen – er solle einen neuen Schwur leisten. Im Traum saß der Pfeilhüter im Tipi auf einem anderen Platz und hatte auch keinen Lehrer, wie es sonst der Fall ist. Nach den Erzählungen meines Großvaters hat es so etwas noch niemals zuvor gegeben.

Father Powell, ein katholischer Priester, ist der einzige Weiße, der je an einer Pfeilzeremonie teilgenommen hat. Das war vor etlichen Jahren, als sie die Zeremonie noch in Seiling durchführten. Häuptlinge und Kriegergesellschaften hatten sich darauf geeinigt, ihn hineinzulassen. Er sollte alles genau aufschreiben für den Fall, daß spätere Cheyenne-Generationen

Probleme hätten, sich an manche Dinge zu erinnern. Es sollten nur vier Kopien hergestellt werden, aber er machte ein Buch daraus, das in einem Verlag erschienen ist. Father Powell fotografierte auch, obwohl es ihm nicht erlaubt war, und niemand hat es bemerkt. Wenn die Pfeile während der Zeremonie aus dem Tipi herausgebracht werden, dürfen nur Männer, Jungen oder männliche Säuglinge sie ansehen. Frauen müssen den Pfeilen fernbleiben, sie dürfen sie niemals anschauen. Es gibt nun verschiedene Fälle, in denen haben Frauen die Pfeile in seinem Buch gesehen, was sehr schlimm für sie war. Die Frauen wurden krank, eine ist gestorben. Die Cheyenne im Norden und wir hier im Süden verkehren wegen dieser Bücher nicht mehr mit ihm. Father Powell kaufte auch Medizinbeutel. Einmal wollten sich die Pfeilmänner in der Zeremonie nach seinem Buch richten, aber es klappte nicht. Sie hatten ihm damals zwar fast alles erzählt, aber eben doch nicht alles. Solange man nicht selbst teilgenommen hat, weiß man nicht, ob dies alles wahr ist oder nicht, und man hält die allgemeine Beschreibung für wahr. Father Powells Buch enthält nicht alles, genau wie dieses Buch nicht alles enthält. Mein Großvater hat kaum etwas erzählt. Auch in Father Powells Buch steht nur sehr wenig über den Blauen Himmel. Mein Großvater vermittelte ihm nur eine allgemeine Idee über das, was vor sich geht. Er hat ihnen nicht sehr viel erzählt.

Im letzten Jahr bat der Pfeilhüter das Geschäftskomitee der Cheyenne Arapaho Tribes um finanzielle Unterstützung für die Zeremonien, aber sie haben ihn abgewiesen. Statt dessen stellten sie Geld für eine Arapaho-Zeremonie bereit, die gar nicht mehr durchgeführt wird. Im Stammeskomplex mögen sie uns Traditionalisten nicht, sie haben Angst vor uns. Offiziell verfügen die vereinigten Cheyenne Arapaho Tribes jährlich über einen Haushalt von 18 Millionen Dollar. Wir sind der zweitreichste Stamm in Oklahoma, aber wir wundern uns, wo das Geld bleibt.

Damals, als die Cheyenne ihre Zeremonien in Cantonment abhielten, gab es noch den Tier-Tanz. Es war der Tanz der Medizinmänner und Medizinfrauen – eine Heilungszeremonie. Diese Medizinleute nannte man die Umgekehrten, da sie alles entgegengesetzt machten. Das taten sie allerdings nur in der Tier-Hütte, nicht im täglichen Leben. Sie verkleideten sich als Büffel, Wölfe oder andere Tiere. Das war Teil ihrer Heilkraft. Einige von ihnen betätigten sich als Clowns und brachten die Leute zum Lachen. Sie schossen mit ihren kleinen Pfeilen aufeinander oder versuchten, damit die Tiere zu treffen. Meine Großeltern haben diese Zeremonie noch einige Male miterlebt.

Nun haben die Cheyenne nur noch die Pfeilerneuerungs-Zeremonie und die Neue Lebenshütte, die fälschlicherweise von den Weißen Sonnentanz genannt wird. Die Neue Lebenshütte wird zur Förderung und Vermehrung des Lebens durchgeführt – Geburt, Wechsel der Generationen. Auch Frauen nehmen daran teil. In einem großen Kreis schlagen die verschiedenen Gruppen ihr Lager auf. Die Mitte steht für den Beginn des Lebens, die Geburt des Cheyenne-Volkes, dann geht es weiter bis zur Kindheit, Jugend, Alter. Es ist der Nachvollzug der Schöpfung. Mein Großvater hat nie in der Neuen Lebenshütte getanzt, mein Vater tanzte einmal. Mein Bruder Luther hat den Zyklus erfüllt, er tanzte dreimal, das vierte Mal leistete er einen Schwur für den Sonnentanz.

Der Bruder von Luthers Frau trinkt. Als er zum ersten Mal ins Krankenhaus kam, sagte ihm der Arzt, daß schon ein Bier ihn umbringen könne. Der Bruder gelobte die Neue Lebenshütte, und es ging ihm bald besser. Er ist jedoch erneut krank geworden und fiel in ein Koma. Nun geht Tweete, die Frau meines Bruders, für ihn durch die Zeremonie. Dafür benötigt sie fünf Teile von allem, was sie in der Hütte benutzt, fünf Paar Mokassins, fünf verschiedene Kleider, fünf Bettdecken und so weiter. Tweete hatte ihre Mokassins fast fertig, als sie den Koffer mit den Perlenstickereien verlor. Nun hat sie Angst vor dem Schicksal, das sie erwartet. Acht Frauen schwören diesmal die Neue Lebenshütte, und Everett Yellowman wird für sie alle tanzen, er wird sie alle durchbringen. Er sagte: »Selbst wenn du nur wenig hast, geh durch!« Luther und Tweete gingen auch in das Tipi des Blauen Himmels und rauchten Luthers Pfeife. Danach sind sie zum Krankenhaus gefahren. Ihr Bruder war aus dem Koma erwacht, saß auf dem Bett und unterhielt sich. Als er aufwachte, hatte er nach Tweete und Luther gefragt.

Früher wurde den Tänzern in der Neuen Lebenshütte die Haut durchstochen, bis die Regierung es uns verboten hat. Großmutters Vater, White Face Bull, war der letzte, der an einem solchen Tanz teilnahm. Er war der letzte, dem sie die Haut durchstachen. Durch die Wunde zogen sie ein Lederband, an dem vier oder fünf Büffelschädel hingen, die White Face Bull hinter sich her schleppte, bis die Haut riß. In Montana wird es heute noch so gemacht, aber sie gehen dazu in die Berge, wo kein Weißer sie beobachten kann. Die Medizin, die sie dafür benutzen, wächst aus Felsen und wird Stinkwurzel genannt. Sie ist für alles gut. Man kann sie kauen, wenn man erkältet ist. Die Navajo graben nach dieser Wurzel, die bei ihnen sehr zahlreich wächst. Man kann die Wurzeln in einem großen Topf Wasser kochen und den Sud rund um das Haus gießen, es hilft gegen Ungeziefer, Käfer und anderes. In der Zeremonie essen die Tänzer auch Hundefleisch. Ein junger Hund wird stranguliert und dann in einem Topf Wasser gekocht. Die Tänzer greifen in das kochende Wasser und nehmen etwas Hundefleisch heraus. Zu wem sie es bringen, der muß es essen. In der Neuen Lebenshütte erhielt Lymen Wheaselbear seine Liebesmedizin.

In jedem Jahr formt sich nach Beendigung der Zeremonie der Neuen Lebenshütte ein Zeichen aus Wolken am Himmel. 1979 war es ein Donnerbogen im Nordosten. Ein Jahr später stand das Wort »Einheit« aus Wolken geschrieben am Himmel. 1981 formte sich im Südosten das indianische Kreuz der vier Richtungen.

Früher wurde die Neue Lebenshütte im August abgehalten, der heißesten Zeit des Jahres. Damals war es eine sehr ernste Angelegenheit – denn das Leben war ernst. Jetzt rollt die Lebensart des Weißen Mannes wie eine Walze über alles dahin. Damit fing es in den vierziger Jahren an – das ist die neue Generation. In den alten Tagen saßen die Frauen um die Hütte herum und sangen die ganze Zeit, Tag und Nacht. Selbst Männer sangen, um den Tänzern Kraft zu geben. Alle waren die ganze Zeit dabei. Nun ist es eher so, als wären sie Zuschauer. Die Jugendlichen laufen nur noch im Kreis herum, um andere Jungen und Mädchen zu treffen. Sie haben überhaupt keine Ahnung mehr, wo sie hingehen.

Nach der Sonnentanz-Zeremonie 1981: Das Wolkenkreuz am Himmel.

Zeitungsreporter versuchen immer wieder, bei den Zeremonien dabei zu sein. Wir bemühen uns, sie draußen zu halten. Aber es gibt immer einen Weg, wie es die Reporter trotzdem schaffen. Weiße wollten an den Zeremonien teilnehmen, aber sie dürfen es nicht. Es hat etwas mit der Farbe zu tun. Man nennt uns den Roten Mann oder den Roten Indianer, weil wir unsere Haut mit roter Farbe bemalen.

Es ist nur einige Jahre her, da wurden wir während der Zeremonien von den Weißen belästigt. Sie kamen auf unseren Zeremonialplatz, hielten uns Predigten und kreisten mit ihren Lastwagen um das Pfeiltipi. Wir wollten rausgehen, sie aufhalten und verprügeln. Aber der Pfeilhüter sagte zu uns: »Nein, laßt sie in Ruhe, tut nichts Gewalttätiges, bevor dies nicht vorbei ist!« Alle haben sie auf ihn gehört, selbst die Sioux, die mit dabei waren. Kurz vor Beginn der Zeremonien, im Juni 1980, brannte der Ku-Klux-Klan die Holzkonstruktion der Neuen Lebenshütte des vergangenen Jahres nieder. Sie rammten ein großes hölzernes Kreuz davor in den Boden, von dem aus sie mit Benzin eine Linie zum Zentralpfosten zogen und eine um die Außenpfähle der Hütte herum. Dann zündete der

Ku-Klux-Klan das Ganze an. Es ist dasselbe, als hätte man eine Kirche der Weißen angezündet. Wir haben Geister, die über uns wachen. Jeder Mensch sollte gegenüber unseren religiösen Zeremonien den gleichen Respekt zeigen wie gegenüber anderen Konfessionen. Für unsere Zeremonien sind uns strenge Regeln auferlegt worden, und jeder, der sie verletzt, bekommt vielleicht Zeit, darüber nachzudenken. Wir haben ein Sprichwort, wenn jemandem etwas passiert: »Er hat es selbst auf sich gebracht!«

Der Pfeilhüter betet für die Wahrheit

Das ist alles, was er macht. Großvater sagte zu uns: »Ich kann nicht gegen die Menschen beten, nur für die Wahrheit.« Wenn wir zu ihm gingen, um ihm über neue Machenschaften des Geschäftskomitees zu berichteten, antwortete er: »Ich kann nicht gegen sie beten, nur für die Wahrheit!« Er hat seine Kräfte niemals gegen jemand anderen gerichtet.

Der Pfeilhüter betet für jeden, dem er begegnet. Es ist ihm egal, ob die Menschen einem anderen Stamm angehören oder aus einem anderen Land kommen. Er nimmt jeden hinein ins Heilige Pfeiltipi, der ihn um seine Hilfe und seine Gebete bittet. Als Baldwin Twins, der Onkel meiner Mutter, die Pfeile hütete, ließen sie keine Weißen hinein. Mein Großvater aber ist für jeden offen, er betet für alle Menschen. Seine geistige und menschliche Größe kann nur jemand ermessen, der seine Gebete auf Cheyenne versteht. Der Pfeilhüter ist ein sehr intelligenter Mann. Er versteht alles und gibt guten Rat. Mein Großvater ist ein guter Mensch.

Selbst die wilden Hunde laufen zu meinem Großvater, zu keinem anderen. Es ist, als wäre er ein friedlicher Mensch und wir nicht. Wir haben Großvater noch nie gehässig oder bösartig erlebt. Ab und zu tritt er nach den Hunden, das ist aber auch alles. Auch seinen Hühnern kann niemand sonst zu nahe kommen, ohne daß sie auseinanderfliegen. Aber wenn er auf sie zugeht, lassen sie ihn dicht heran. Seine Enten und afrikanischen Vögel spazieren hinter ihm her. Vor einigen Jahren hielt er sich acht oder neun kleine Stinktiere. Er hatte alle möglichen Tiere. Einmal, als wir auf unserem Heiligen Berg Bear Butte waren, saß der Pfeilhüter auf einem runden Felsen, um sich auszuruhen. Er sprach mit uns. Plötzlich krochen unter dem Stein Klapperschlangen hervor. Sie haben ihm nichts getan. Großvater tippte sie ein bißchen mit seinem Stock an, und alle machten sich auf und davon. Unter dem umgedrehten Felsbrocken kamen noch mehr Klapperschlangen zum Vorschein. Der Pfeilhüter hat sich nie vor irgend etwas gefürchtet.

Als Luther Black Bear anfing hierherzukommen, um seinen Großvater zu besuchen, sagten die Leute zu ihm: »Geh nicht dorthin, der Pfeilhüter ist der Höchste, er ist ein sehr mächtiger Mann!« Deshalb fragte er ihn: »Großvater, warum sagen die Leute, daß ich nicht hierher kommen soll, um mit dir zusammen zu sein?« Er antwortete Luther: »Es gibt viel Neid unter den Menschen, und sie haben Angst. Es gibt hier aber nichts, wovor sie Angst haben müßten. Jeder kann zum Pfeiltipi kommen und den Segen erhalten. Ich bete für sie alle. Sei immer ehrlich und sprich die Wahrheit. Das ist der einzige Weg. Sage, was du denkst, und lüge nicht. Die Menschen hören zu und wissen, wann du die Wahrheit sprichst. Wenn du Lügen erzählst, wissen sie es auch!«

In Zeiten wie diesen gehen wir Cheyenne zu unserem Pfeil-hüter. Wir gehen zu ihm und erbitten seinen spirituellen Bei-stand. Wir bitten ihn um Führung und Hilfe. Es ist seine Pflicht, für all diese Menschen zu beten, egal ob er sie sieht oder nicht. Im Pfeiltipi sind Mensch und Tier willkommen. Alle sind dem Gesetz des Tipis unterworfen. Einmal kam ein Dachs in das Pfeiltipi, ein anderes Mal kroch eine große Schlange hindurch. Auch Klapperschlangen dürfen hinein, und niemand darf sie dann töten. Die Grenzen zwischen Mensch und Tier sind aufgehoben. Viele Menschen kommen zu meinem Großvater. Sie sind krank und bitten ihn um Hilfe. Der Pfeilhüter erbittet sich nie etwas von ihnen. Was die Menschen ihm geben, bemißt sich nach ihrer Dankbarkeit – und es muß von Herzen kommen.«

Pfeilhüter Edward Red Hat
erzählt

Edward Red Hat und Minni.

Ich bin der Mann unter den Cheyenne

Ich repräsentiere meinen Vater Red Hat durch meinen Charakter. Unsere Familie hat über Generationen den Blauen Himmel gemacht. Mein Cheyenne-Name ist Holy Standard. Er steht für einen Mann, der Vertrauen in heilige Dinge hat und an sie glaubt – einen Mann mit hohen Werten. Als die Häuptlinge und Vormänner der Kriegergesellschaften mich zum Pfeilhüter wählten, fühlte ich mich sehr geehrt. Ich habe sie nicht zurückgewiesen, als sie mich zum Priester unter den Cheyenne machten und mich zum Pfeilhüter wählten. Nun bin ich über den Cheyenne. Ich bin der Höchste, der Häuptling von allen. Sie sollen mir folgen in dem, was ich sage – so weiß ich, daß sie auf mich hören. Ich behaupte damit nicht, daß ich der beste Mann wäre oder der höchste – aber wir haben unser Tipi und die Zeremonien immer auf die gleiche Weise.

Mein Volk der Cheyenne erlebt harte Zeiten. Es ist sehr arm, und Krankheiten gehen um. Ich bete für all diese Menschen. Ich bete auch für die Männer und Frauen im Wehrdienst, damit sie sicher zu uns zurückkommen. Einiges aus Motseyoefs Prophezeiung ist schon unter uns Cheyenne. Über viele Generationen haben wir diese Prophezeiung wahr werden sehen. Maheo, der Schöpfer der Menschheit, gab den Cheyenne ihre Lebensweise – Religion, Stammesregierung, Tradition und Kultur. All dies müssen wir für unsere jungen Leute und die zukünftigen Generationen erhalten. Ich bete dafür, daß alle Cheyenne zum Pfeiltipi zurückkehren und wir wieder ein geeintes Volk werden – vereint wie unsere Vorfahren. Wenn Gott es will, werden die Cheyenne in kommenden Zeiten in Freude leben. Die Menschen sind alle gleich. Ich habe die ganze Insel, alle Menschen, die darauf leben. Ich bete für sie. Früh am Morgen, wenn die Sonne aufgeht, bete ich. Ich gehe mit meiner Pfeife in das Tipi und rauche. Sweet Medicine gab uns dies alles – er ist wie Jesus, der die Bibel brachte.

Als ich geboren wurde, gab es hier nur wenige Weiße

Sie lebten vereinzelt in ziemlicher Entfernung voneinander. Nach und nach kamen mehr von ihnen und bauten sich ihr Heim auf unserem Land. Einige Weiße lebten auf der anderen Seite des Flusses beim alten Cantonment und andere in der Nähe von Canton und Longdale. Die meisten Familien hatten eine ganze Reihe von Kindern – ausgesprochen viele. Das kam bei uns zwar auch vor, aber in der Regel hatten die Cheyenne nur wenige Kinder. Wo wir lebten, kamen sie oft vorbei, die Weißen, die nach Westen zogen – irgendwohin, wo sie Ackerbau betreiben konnten. Sie zogen nach Westen, nach Kalifornien. Dort leben verschiedene Stämme, Pueblos und Navajos. Es ist eine rauhe Gegend, aber die Indianer kommen trotzdem sehr gut durch. Sie wissen einfach wie – sie züchten Schafe. Das war alles, was sie hatten. Sie aßen Schafe. Das Fleisch rösteten sie über dem Feuer – was wirklich gut schmeckte.

Viele Weiße zogen durch unser Land. Oklahoma war damals indianisches Territorium. Die Indianer wollten nicht, daß die Weißen sich hier niederließen, und kämpften gegen sie. Um ganz Oklahoma legten sie große Steine – das waren ihre Zeichen. Den ganzen langen Weg transportierten sie die Steine auf ihren Pferden. Die meisten Indianer halfen dabei, auch mein Vater. Sie taten es für ihr Land, Oklahoma. Um das ganze Territorium verteilten sie diese Steine. Aber einige Weiße wollten es nicht verstehen. Sie zogen weit auf unser Land hinaus, bevor wir sie entdeckten. Dann waren sie nicht mehr zur Umkehr zu bewegen, und die Indianer ließen sie weiterziehen. So haben sie es gemacht. Ich habe es selbst gesehen. Ich war alt genug, um mich an alles zu erinnern – an alles, was sie getan haben. Die Weißen gingen in Gruppen. Einige kamen hier während des Tages vorbei. Die Indianer folgten ihnen. Es gab auch eine Stammespolizei, die die Oklahoma-Grenze bewachte, im Osten und Westen, Süden und Norden. Wann immer die Weißen auf unser Land kamen, mußten sie umkehren und Oklahoma verlassen – oder sie durften weiterziehen. Über lange Zeit lebten sehr viele Indianer hier in Oklahoma. Zum Schluß verkauften sieben der Häuptlinge unser Land für fünf Cent pro Morgen. Das war sehr billig. Und das Geld reichte nicht lange. Die Cheyenne wollten den Vertrag nicht unterschreiben, deshalb setzten die Weißen die Namen von Kindern und Säuglingen auf das Papier. Der Name eines Häuptlings war gleich drei- oder viermal aufgeführt.

Die Cheyenne lagerten entlang des North Canadian River, bis weit hinauf nach Fort Supply, wo der Fluß sich gabelt. Wir hatten unser Lager nördlich vom Wolf River – wie wir ihn nannten –, auf dem Land meiner Großmutter. Dort lebte sie zusammen mit ihren Kindern und Enkelkindern. Früher lebten wir immer in Gruppen zusammen, nicht so weit auseinander wie heute. Wo immer wir unsere Zelte aufschlugen, lagerten wir zusammen. Nur wenige kampierten auf der nördlichen Seite, die meisten zelteten auf der Südseite des Flusses. Letztendlich lagerten sie irgendwo, aber immer dicht am Fluß. Der Eingang des Tipis wies stets nach Osten, zur aufgehenden Sonne. Einige bauten sich um ihr Zelt einen Windfänger aus Zweigen, auch einen Stall für die Pferde. Die waren sehr gut. Die Pferde gewöhnten sich daran und waren geschützt, wenn es kalt war. Bei Regen oder Schnee brachten wir sie dort hinein – so hielten wir unsere Pferde. Wenn diese Vorbereitungen nicht getroffen waren, hatte man einen schweren Winter. Man mußte lange laufen, um seine Pferde zu finden. Manchmal waren sie daran gewöhnt und blieben zusammen. Wir trieben unsere Pferde hinunter zum Fluß und wieder hinauf zum Gras. Der Fluß führte damals das ganze Jahr über Wasser, jetzt ist er fast ausgetrocknet. Wir hatten viele Pferde. Die Hälfte von ihnen tauschten wir ein. Als der Weiße Mann kam, brachte er Rinder mit sich. Mein Vater und sein Bruder hatten auch einige, die wurden von der Agency ausgegeben. Davon haben wir etliche geschlachtet. Im Frühling bekamen die anderen Kälber, und es waren um so viele mehr. Wir mußten nur aufpassen und sie zusammenhalten, denn damals gab es keine Zäune. Wir trieben sie dorthin, wo viel Gras war, und dreimal am Tag runter zum Wasser. So machten wir es alle.

Auf dem Land meiner Großmutter Pawnee Woman wurde ich geboren, zwölf Meilen östlich von Seiling. Sie war die Mutter meines Vaters. Sie war eine Pawnee. Als die Cheyenne eine Gruppe Pawnee im Kampf besiegten, wurde sie gefangengenommen. Pawnee Woman war zu dem Zeitpunkt ungefähr sieben Jahre alt. Die Cheyenne zogen sie auf, und später heiratete sie Pour Out, meinen Großvater. Als ich mit meiner Großmutter Pawnee Woman zusammenlebte, war sie schon sehr alt, aber sie war noch recht wendig. Ich half ihr, Holz zu sammeln. Wir banden das Holz an beiden Seiten zusammen und trugen es auf unseren Rücken nach Hause. So brachten wir es ein. Für den Winter wurden Baumstämme zersägt, immer mit einem Meter Abstand. Das Holz wurde grün geschnitten. Wenn es austrocknet, wird es leicht und ist gut zu verbrennen. Es gab damals keine Wagen, nur die Pferde. Wenn Baumstämme zu schwer waren, banden wir ein Seil um die Pferde und ließen sie die Stämme zurück zum Lager ziehen.

Meine Großmutter behandelte mich immer sehr gut. Wenn ich des Nachts aufwachte, fragte sie mich: »Bist du hungrig? Willst du etwas essen?« Sie hat mich nie angeschrien und mich niemals geschlagen. Ich war immer mit ihr zusammen. Ich holte ihr Holz und Wasser – was immer sie brauchte. Als ich jung war, hielt ich mich oft bei den alten Leuten auf. Sie hatten immer irgendeinen Auftrag für mich. Sie sagten zu mir: »Geh und hole kaltes Wasser!« In der alten Zeit war alles noch anders. Die Cheyenne haben ihre Kinder nicht geschlagen. Wenn sie nicht folgten, machte man den Kleinen nur Angst. Jemand aus der Familie malte sich das Gesicht schwarz an oder schminkte es sich auf lustige Weise. Dann ging er auf die Kinder zu, griff nach ihnen und trug sie weg. Die Eltern schauten zu, sie wußten ja, daß nichts passieren würde. Den Kindern hatte man schon angedroht, daß die Eule oder das Gespenst kommen und sie holen würde. Als ich klein war, haben sie mich auch so erschreckt. Aber seit der Weiße Mann gekommen ist, machen sie es anders – sie schlagen ihre Kinder. Das haben sie vom Weißen Mann gelernt. Vielleicht muß man Kindern ab und zu auf die Finger hauen, wenn sie nicht hören. Das haben sie wohl auch in der alten Zeit getan, aber nicht so oft wie heute.

In der alten, alten Zeit, noch bevor sie Hunde hatten, bauten die Cheyenne ihre Häuser aus den Schößlingen einer Weide, deren rötliche Zweige sehr hart sind. Diese Häuser waren fest gebaut. Sie vermischten Ton und geriebenen Stein mit Wasser und verkleideten mit dieser Masse die Außenwände, dabei ließen sie oben im Dach ein rundes Loch frei. Die unteren Wände und das Dach waren geneigt und sorgfältig abgerundet.

Meine Großmutter lebte im Tipi. Tipis sind auch sehr alt. Sie wurden aus gegerbten Büffelhäuten gefertigt. Die Frauen bearbeiteten die Häute gründlich, bis sie weich waren und sich biegen ließen. In einem Tipi war es niemals kalt – sie haben sie sehr gut gebaut. Im Tipi schliefen wir auf der nördlichen, südlichen oder der westlichen Seite. Für die Lager holten wir uns Gras vom Fluß, denn da wächst es besonders hoch. Die Frauen schnitten es mit ihren Messern. Sie sammelten sehr viel davon und verteilten das Gras im Tipi. An der Wand entlang wurde es hoch aufgeschichtet und dann mit Stoff bedeckt. Darauf schliefen wir. Es war sehr gut.

In der Mitte des Tipis ließen sie einen Platz zum Kochen frei. Dort brannte stets ein Feuer. Wenn man Holz nachlegte, durfte man es von Osten, Westen oder Süden aus tun, niemals von Norden. Die Öffnung, aus der der Rauch entweichen konnte, wurde von außen verschlossen, um Zugluft zu vermeiden. Sie gruben ein viereckiges Loch in den Boden und machten darin ihr Feuer. Manchmal bauten sie einen Grill aus Ästen und rösteten ihr Fleisch darauf. Fleisch wurde auch getrocknet und später erst über dem Feuer weich gekocht. Wenn es von der Sonne getrocknet ist, läßt es sich sehr leicht kochen. Wenn sie Fleisch über dem Feuer trockneten, wurde es nicht so hart, gerade so, daß sie es gut kauen konnten. Das war gesunde Nahrung. Das war alles, was die Cheyenne hatten. Später kam das Brot des Weißen Mannes, und sie fingen an, Brot zu essen. Dann kamen Kaffee und Zucker. Die Indianer waren es nicht gewöhnt, Tische zu haben, sie saßen einfach auf dem Boden. Sie hatten hölzerne Teller, die ziemlich groß und flach waren. Die machten sie selbst. Sie hatten auch größere Schalen, die sie für Kaffee oder Suppe benutzten. Einige tranken Suppe zu ihrem Essen – alles, um irgendwie satt zu werden. Es ist den Cheyenne sehr gut gegangen.

Später bekamen wir Kochherde. Ich weiß nicht genau, wie man sie nannte, aber sie waren sehr groß. Die Frauen mußten zuerst Kohlen unterlegen, bevor sie anfangen konnten, Brot zu backen. Die Öfen hatten schwere Deckel, die aussahen wie runde Teller. In der Mitte hatten sie Henkel, durch die steckte man einen Stock. Damit hob man den Deckel hoch und legte ihn zur Seite. Mit diesen Öfen haben die Frauen sehr gut gekocht und gutes Brot darin gebacken. Mit einem Stock machten sie in der Mitte des fertigen Teigs ein Loch. Sie benutzten dazu ihre Finger, wenn der Teig noch nicht zu heiß war. War das Brot fertig gebacken, zogen sie ein Band durch die Öffnung und banden es um unseren Hals. Wir wußten, was zu tun war – wir liefen los zum Spielen. Das runde Brot trugen wir auf der Brust. Wenn wir abbeißen wollten, griffen wir danach, kauten und rannten weiter. Es gab vieles andere mehr. Auf diese Weise schafften wir es gut durch den Winter.

Die meisten Cheyenne benutzten Erdsalz, das sie hier in der Nähe aus einer Quelle holten. Später gab es auch Pfeffer. Einige Cheyenne bauten ihn selbst an. Ich hatte auch welchen. Sonst wurden nur Melonen, Kürbisse und Mais gezogen – das war alles. Alle Indianer essen gerne Mais. Die reifen Kolben legten wir zum Trocknen auf einer Plane aus. Während sie trockneten, zerkleinerten wir den Mais mit unseren Messern und füllten ihn in Säcke. Mais war gut für die Winterzeit. Wir kochten ihn und aßen etwas Fett dazu, zum Beispiel Speck. Das war sehr gut, das aß ich sehr gern.

Als die Weißen anfingen, uns an ihre Art von Zelten zu gewöhnen, war es ganz genauso. Irgendwie hatten wir mehr Platz in den neuen Zelten. Später gab es diese Zelte in allen Größen. Gegen Herbst sagten die Älteren zu uns: »Fangt an, Holz zu sammeln, die Winterzeit kommt!« Wir gingen los, sammelten Holz und schichteten es an einem Ort auf. So schafften wir es durch den Winter – es war warm.

Charles Red Hat, mein Vater, sein Bruder Joseph Pawnee und ihre Schwestern Curley Haired Woman und Crossed Road Woman lebten zusammen auf dem Land meiner Großmutter. Meine Mutter hieß Walks in the Middle. Sie hatten drei Söhne, Henry, Roger und mich. Als meine Mutter starb, heiratete mein Vater noch einmal – Walking Woman, die Halbschwester meiner Mutter. Sie hatten zusammen drei Kinder, Sophy, Allen und Catherine. Meine Mutter starb, als ich ungefähr fünfzehn Jahre alt war. Mein Vater wurde sehr

Von links: Edward Red Hat, Charles Red Hat, Henry, Walks in the Middle, Roger.

alt, er starb 1952. Alle trieben Ackerbau, pflanzten Mais, Kartoffeln und Wassermelonen – alles, was man so im Garten hat.

Manchmal fragten uns die Weißen, die von Osten nach Westen gingen, ob sie über unser Land ziehen dürften. Viele Male kamen sie dicht an unserem Lager vorbei. Wenn sie den Ort erreichten, an dem wir lebten, hielten sie für einige Zeit an – denn wir hatten Wasser für ihre Pferde. Es war eine große Gruppe, die vorbeizog. Einige der Siedler fuhren mit Ochsen. Ochsen waren kräftig und konnten alles ziehen, was die Leute brauchten – Pflüge und alles, was man in einem gedeckten Wagen unterbringen konnte. Sie hielten hier an, wo mein Vater und sein Bruder lagerten. So kam es, daß sie die Pferde gegen die Ochsen tauschten. Den Weißen waren die Ochsen zu langsam, deshalb wollten sie mit Pferden weiterziehen. Der weiße Mann kam und sagte zu uns: »Laßt uns Pferde gegen Ochsen tauschen. Wir sind es leid, so langsam zu reisen!« Sie hatten zwei Ochsen. Mein Vater und sein Bruder besaßen viele Pferde.

Damals benutzten die Cheyenne fast keine Sättel. Wir ritten nie mit einem Sattel. Wir benutzten Decken, die die Frauen herstellten. Wenn man Pferde ohne etwas reitet, kann man ihren Rücken verletzen – sie können wund werden. Mit einer Decke ist es in Ordnung. Der Bruder meines Vaters hatte ein Pferd, das besonders gut aussah. Das Pferd war aber am Rücken wund geworden und Fliegen waren in die Wunde eingedrungen. Es hatten sich bereits Würmer entwickelt. Trotzdem war das Tier noch munter. Um die Wunde zu verdecken, legte der Bruder einen Sattel darüber, so daß niemand sie sehen konnte. Mein Vater sagte zu seinem Bruder: »Du hättest es mir sagen sollen. Du weißt, daß ich Pferde behandeln kann. Es wäre bestimmt geheilt worden. Du weißt, daß ich das kann!« Der Weiße fragte den Bruder meines Vaters: »Das Pferd dort, kann ich es haben?« Und der Bruder antwortete: »Ja, das kannst du haben!« Er sprach recht gutes Englisch, deshalb führte er auch das Gespräch. Dann haben sie getauscht. Der weiße Mann nahm den Sattel ab und rief: »Das Pferd ist nicht in Ordnung. Du weißt, daß es nicht weit kommt!« Aber der Bruder antwortete ihm: »Wir haben getauscht, nun mußt Du das Pferd nehmen. Es wird schon besser werden!« Der weiße Mann wurde richtig wütend und wollte ein anderes Pferd. Beinahe wäre es zu einer Schießerei gekommen. Zum Schluß nahm der Bruder das kranke Pferd zurück. Mein Vater gab dem weißen Mann einige seiner eigenen Pferde und nahm dafür die Ochsen.

Sie waren wirklich kräftig. Der weiße Mann zeigte ihnen, wie man mit den Ochsen arbeitet. Er erklärte ihnen, wie sie mit den Tieren sprechen mußten, damit sie anhielten oder umdrehten. Die Ochsen wurden mit einem langen Stock geführt. Man mußte sie damit stoßen, um ihnen den Weg zu zeigen. Ich habe es auch gelernt. Ich kann mich noch daran erinnern, wie sie riefen: »Gee hah!« Die Ochsen haben wir lange Zeit eingesetzt – wenn wir das Korn und die Wassermelonen pflanzten, oder wenn wir pflügten. Ich war alt genug, um beim Pflügen zu helfen. Mit den Ochsen transportierten sie auch die großen Stämme zur Sägemühle. Auf dem Land meiner Großmutter gab es eine Menge Holz, das wir verbrennen konnten. Es war rötlich und fest. Daraus machte man auch Bretter. Wir bauten uns daraus ein Haus, das ich heute noch habe. Innen waren die Wände mit Lehm verkleidet. Es war warm. Aber dann mußten sie Glas für die Fenster kaufen – so tauschten sie die Pferde.

Einmal, als ich weit draußen in der weiten Ebene gespielt hatte und gerade auf dem Rückweg war, ritten Cowboys heran. Sie trieben eine große Viehherde vor sich her. Ich lief, so schnell ich konnte, aber sie holten mich ein. Ein Weißer griff nach mir und hob mich auf seinen Sattel. Das jagte mir große Angst ein. Ich habe geweint und geschrien. Es passierte in der Nähe unseres Lagers. Die Cowboys trieben dann einige Rinder zum Lager und tauschten sie ein. Mein Vater, sein Bruder und die beiden Schwestern teilten das Vieh untereinander auf. Wenn die Kuh einem Mädchen gehörte, ritzten sie ein V in jedes Rinderohr. Die Männer machten einen geraden Schnitt. So unterschieden sie die Rinder der Frauen und der Männer. Auf diese Weise haben sie es gemacht.

Wenn wir dem Weißen Mann begegneten, hatte ich jedesmal Angst. Mein Herz hat stark gepocht. Die weißen Männer sprachen mit meinem Vater. Wenn sie sich die Hand reichten, sagte mein Vater zu ihnen: »Hey John, hey John!« Wir Indianer dachten, daß jeder Weiße John hieße. Jedesmal, wenn wir einen Weißen sahen, riefen wir: »Hey John!« Sie antworteten auch mit »hey«. Als wir Kinder mit der Schule anfingen, sagten einige zu unserem Lehrer: »Hey John!« Er wurde sehr wütend darüber. Er war ein bösartiger Mann und dazu noch groß und kräftig. Später, als ich mehr gelernt hatte, begriff ich, daß es noch andere Namen gab. Vielleicht waren es die ersten Namen, die die Indianer kannten – John und Mary. So ist es vor sich gegangen.

Es gab damals eine Menge Händler, die versuchten, mit den Indianern zu handeln. Sie verkauften ihnen Autos und vieles andere. In den alten Tagen hatten die Cheyenne Silberdollars. Von der Regierung wurde jedem von uns acht Dollar pro Monat ausgezahlt. Die Frauen legten das Geld in eine Decke, die sie sich um die Schultern hängten. Wenn das Geld zu schwer wurde, vergruben sie es irgendwo im Boden. Einige steckten ihre Dollars in die breiten Gürtel, die sie um die Taille trugen. Viele vergruben ihr Geld in der Erde. Vielleicht ist es noch da? Wenn die Cheyenne etwas kauften, bekamen sie Wechselgeld. Die Frauen hielten es in ihren Händen, bis es ihnen zu schwer wurde. Dann steckten einige das Geld in den Mund, um es dort aufzubewahren. Jedesmal, wenn sie es brauchten, spuckten sie es aus. Die Weißen wunderten sich sehr. Später gab es Papiergeld – dieselbe Geschichte. Dann wurden Schecks ausgegeben – damit konnten die Indianer überhaupt nicht mehr umgehen. Sie konnten ihre Namen nicht schreiben und unterzeichneten mit ihrem Daumenabdruck. Später schickte die Regierung Schecks mit aufgedruckten Namen. Das System haben wir noch heute, und es funktioniert recht gut.

Als ich noch klein war, brachten mir die Jungen Arapaho bei. Ich lernte schnell und verstand es bald recht gut. Wenn die Arapaho zum Laden kamen, übersetzte ich für sie ihre Bestellungen: Zucker, Kaffee und so weiter. Die Arapaho waren anders als wir Cheyenne. Sie kauften immer viel und gaben alles auf einmal aus. Das Geld mußte ich auch für sie zählen. Sie sprachen kein Englisch, genauso wenig wie meine Leute. Am Zahltag war der Laden besonders voll, alle kamen und kauften, was sie brauchten. Nach einiger Zeit fing es an, mich zu langweilen, und ich ging nicht mehr hin.

Ich hatte gute Eltern. Mein Vater kaufte mir ein Gewehr und brachte mir das Jagen bei. Beim ersten Schuß schlug das Gewehr regelrecht aus, mir tat die Schulter noch lange Zeit danach weh, aber es ist besser geworden. Später konnte ich im Laufen Hasen schießen – das war, bevor ich zur Schule ging. Mein Vater behandelte auch Schlaganfälle – Personen, deren Körper entweder ganz oder auf einer Seite gelähmt waren. Er sagte: »Es ist durch den Magen!« Er gab den Kranken etwas zum Einnehmen. Zuerst kam grünes Zeug aus ihrem Mund, danach etwas Gelbes. Vater zog lange Fäden aus ihnen heraus, und die Leute wurden wieder gesund. Mein Vater war auch Scout und Polizist. Er hatte Abzeichen und Pistole. Er ist sehr viel geritten, denn er war auch Postbote. Er ist mit zwei anderen Männern zusammen gewesen. Sie ritten nach Fort Reno, um Post zu holen, und brachten sie nach Fort Supply oder Wichita. Die drei sind auf ihren Wegen allen möglichen Banditen begegnet. Einmal wurden sie ausgeraubt. Die Banditen ritten weg, und einer von ihnen winkte dabei mit seinem Taschentuch. Als sie schon recht weit entfernt waren, hob mein Vater sein Gewehr und schoß dem Mann durch die Hand. Vater war auch derjenige, der den Löwen geschossen hat. Es war ein afrikanischer Löwe, wohl aus einem Zoo entlaufen. Vater und sein Cousin waren auf der Jagd, als sie die seltsamen Spuren sahen. Sie wußten nicht, was es war, und folgten ihnen durch die Schlucht. In der Schlucht hat er dann den Löwen geschossen.

Wir Brüder und Schwestern spielten viel miteinander. Wir spielten Geschichten nach. Einer sagte zu den anderen: »Laßt uns Coyote spielen, der seine Nahrung fängt!« Ein Kind war dann der Coyote, ein anderes der Wächter. Wir anderen faßten uns um die Taille und hängten uns in einer langen Schlange an den Wächter. Der Coyote mußte versuchen, eines der Kinder am Kopf zu berühren – das war dann seine Nahrung. Aber niemand wollte von ihm berührt werden. Der Wächter, der das Band anführte, versuchte, den Coyoten von uns fernzuhalten. Wenn der Coyote seine Richtung wechselte, um jemanden zu erwischen, schwang die ganze Reihe herum, um ihn davon abzuhalten. Das machte sehr viel Spaß. Die Schlange bewegte sich über lange Zeit hin und her. Wann immer der Wächter hinfiel, hatte der Coyote Gelegenheit, jemanden zu berühren. Der, den er berührt hatte, war dann Coyote. So haben wir miteinander gespielt. Wir spielten verschiedene Spiele, denn es gibt noch viele andere.

Es sind Geschichten, die wir spielten. Manche sagen zwar, es seien nur Märchen – aber es sind wahre Geschichten. Das ist der Weg, den Motseyoef für uns bereitet hat, wie Jesus euch Weißen Menschen – für die Kinder, die Frauen und die verschiedenen Alter. Wir richten uns nach diesen Dingen, aber wir schreiben sie nicht auf. Das Coyoten-Spiel ist auch eine wahre Geschichte. Auf diese Weise jagt der Coyote seine Beute. Die Geschichten sind das Cheyenne-Gesetz – und jeder weiß das. In jeder Geschichte ist etwas, was als Gesetz zu erkennen ist. Meinen Enkelkindern erzähle ich sie immer wieder. Ich erzähle ihnen die Geschichten abends, wenn sie zu Bett gehen, manchmal schlafen sie ein, bevor ich damit fertig bin. Wir taten nichts anderes, als so zu spielen. Alle Spiele kommen von Sweet Medicine. Es scheint, als wäre es noch gar nicht so lange her, daß wir diese Spiele spielten – vor gar nicht langer Zeit.

Eine andere Geschichte hieß Bär-Tipi. Wir waren immer mehrere Kinder, wenn wir loszogen, um sie zu spielen. Einer sagte: »Laßt uns Bär spielen!« Die anderen antworteten: »Ja, das spielen wir!« Wer immer das zuerst sagte, war der Bär. Er mußte sich einen Platz schaffen und in eine Höhle kriechen – so wie sich der Bär in der Höhle versteckt. Ein Kind nahm etwas Haar und befestigte es an einem Stock. Die anderen, die warteten, kamen näher und riefen: »Nimm den Stock! In dem Loch versteckt sich ein Tier. Wir wollen herausfinden, welches Tier es ist!« Wir stachen mit dem Stock in die Höhle hinein und zogen ihn dann wieder heraus. Jedes Kind sagte den Namen eines Tiers, wenn es an die Reihe kam. Wir schauten und riefen: »Waschbär, Beutelratte...« – die Namen der verschiedenen wilden Tiere. Wir nannten die großen Tiere – »Tiger«, »Löwe« – bis hinunter zu den kleineren Tieren – »Biber«, »Rotluchs« –, etwas, das wir kannten. Irgendwann gingen uns die Namen aus und einer rief: »Es ist ein Bär!« Daraufhin sprang der Bär aus seiner Höhle und jagte uns. Wir liefen weg, und der Bär rannte hinterher. Natürlich holte er einige von uns ein und nahm sie gefangen.

Einmal, als die Kinder spielten, sollte ein Mädchen der Bär sein. Sie hatte immer etwas gefühlt – sie fühlte schon, daß sie sich in einen Bär verwandeln würde. Es war ein ziemlich großes Mädchen. Sie hatte zwei Brüder. Der ältere Bruder war auf der Jagd, aber der jüngere Bruder hielt sich dort auf, wo die Kinder spielten. Das Mädchen warnte ihren Bruder: »Wenn ich mich in einen Bär verwandle, dreh dich um und lauf weg. Versuche nicht, mich zu fangen, sondern versteck dich in der Hundehütte.« – Die Frauen bauten sie für ihre jungen Hunde. – »Dort mußt du hinlaufen und hineinkriechen! Bring alle Leute von hier fort, vergiß keinen!« Er tat, was sie sagte. Das Mädchen verwandelte sich in einen Bären. Die Kinder versuchten zu fliehen, aber der Bär fing viele von ihnen und fraß sie auf. Nicht weit davon entfernt war das Lager. Der Bär lief hinüber und fraß alle Leute auf, die sich dort aufhielten. Als die Kinder nach Hause kamen, war niemand mehr da. Einige wurden mißtrauisch. Sie fanden heraus, daß der Bär sie alle gefressen hatte. Nachdem der Bär all dies getan hatte und wieder zurückgekommen war, rief der Bruder seiner Schwester zu: »Ich bin im Hundehaus!« Sie antwortete ihm: »Bleib, wo du bist. Wenn jemand kommt, laß es mich wissen, damit ich sie fangen kann.« Eine Weile lief der Bär noch draußen herum und kroch dann zurück in sein Tipi.

Der kleine Junge hielt Ausschau nach dem älteren Bruder. Er wollte nicht, daß diesem durch ihre Schwester etwas passierte. Als er den Bruder zurückkehren sah, lief er zu ihm hinüber und erzählte ihm alles. »Erwähne ihr gegenüber nicht, daß ich gekommen bin«, sagte der große Bruder, »geh und frage, ob sie Hunger hat. Wenn sie hungrig ist, frage, was sie fressen möchte!« Der kleine Bruder ging und fragte die Schwester: »Bist du hungrig?« Sie antwortete: »Ja, ich werde hungrig. Ich will, daß du mir einen Hasen fängst!« Sein Bruder war in der Nähe und beobachtete den kleinen Jungen. Der kam zurück und berichtete: »Sie ist jetzt hungrig, sie will einen Hasen!« – »Ich gehe und erlege den Hasen«, sprach der Ältere. »Wenn du ihn zu ihr bringst, wird sie dich fragen, ob dir jemand begegnet ist. Antworte ihr nur mit nein und gib ihr den Hasen. Sie wird dich dann fragen, wie du ihn getötet hast. Nimm deine Axt, lege den Hasen auf den Boden und erschlage ihn damit. So wird sie es glauben.« Der Junge machte es genauso, wie der Ältere gesagt hatte. Die Schwester fragte den Jungen: »Ich glaube, jemand war bei dir. Ich kann menschlichen Geruch wahrnehmen.« – »Nein, es ist niemand da«, antwortete er ihr. »Wie hast du den Hasen getötet?« – »So habe ich ihn getötet.« Er zeigte es ihr, und sie glaubte ihm.

Nun trug der ältere Bruder dem Jüngeren auf: »Frage deine Schwester, wo ihr schwacher Punkt ist. Vielleicht können wir versuchen, vor ihr zu fliehen.« Der Ältere ging fort, um einen weiteren Hasen für die Schwester zu jagen. Als der Bär den ersten Hasen gefressen hatte, sagte der Junge zu ihm: »Es könnte jemanden geben, der uns angreifen will. Ich möchte deshalb wissen, ob du eine schwache Stelle hast. Wenn ich darüber Bescheid weiß, kann ich dich besser beschützen.« Die

73

Schwester antwortete ihm: »Du kennst meinen schwachen Punkt!« Der Junge mußte ihr die Füße oft mit Fett einreiben, denn dort war ihre Haut rissig und aufgesprungen – Bären haben sehr weiche Füße. Der kleine Junge ging wieder hinaus und traf seinen Bruder: »Ich fette ihr die Füße, denn sie reißen überall ein. Sie steckt ihre Füße zum Feuer, um das Fett darauf zu schmelzen. Das ist ihr schwacher Punkt!« Der ältere Bruder sagte zu ihm: »Wenn du herauskommst, laß die Tür offen. Ich werde dort sein und auf ihre Füße schießen. Dann werden wir laufen und versuchen, von ihr wegzukommen.« Der Junge öffnete die Tür, der Bruder kam herein und schoß mit seinen Pfeilen auf ihre Füße. Beide fingen an zu laufen. Als die Schwester die Pfeile aus ihren Füßen gezogen hatte, nahm sie die Verfolgung auf.

Die Jungen liefen immer weiter und sie jagte hinter ihnen her. Beide schauten sich um. Der ältere Bruder rief: »Laß mich wissen, wann sie kommt. Wir werden zu jenem Mann dort laufen, zu dem Riesen – er wird uns retten.« Sie rannten zum Riesen und sprachen zu ihm: »Wir wollen, daß du unser Leben rettest. Wir kommen zu dir. Wir sind auf der Flucht – ein Bär verfolgt uns. Meine Schwester verwandelte sich in einen Bären. Sie ist groß und kann kämpfen!« Der große Mann antwortete ihnen: »Lauft weiter zum Löwen und erzählt es ihm. Er kann euer Leben retten!« Der Bär erreichte den Riesen und begann, mit ihm zu kämpfen. Er besiegte den Mann und fraß ihn auf. Der jüngere Bruder wurde vom Laufen müde und rief seinem Bruder zu: »Ich bin müde und möchte ausruhen. Bitte rette mich.« Der erwiderte ihm: »Der Riese sagte uns, daß wir zum Löwen laufen sollen.« Als sie den Löwen sahen, rannten sie zu ihm und erzählten, daß sie von einem Bär verfolgt würden. »Er wird uns fangen und auffressen. Deshalb wollen wir, daß du unser Leben rettest!« Der Löwe antwortete den Kindern: »Lauft weiter zu dem Büffel da drüben, geht zu ihm. Er wird euer Leben retten. Wenn der Bär kommt, werde ich ihn stellen. Während ich mit ihm kämpfe, könnt ihr euch ausruhen, danach lauft weiter.« Der Bär kam und besiegte auch den Löwen. Wieder fingen die Kinder an zu laufen. Nach einer Weile ermüdete der Jüngere: »Bruder, ich bin müde. Ich möchte anhalten und ausruhen. Kannst du mein Leben retten?« Sie liefen weiter, bis sie den Büffel erreichten: »Ein Bär verfolgt uns. Er wird uns auffressen. Wir brauchen deine Hilfe!« – »Der Bär ist ziemlich mächtig«, sprach der Büffel zu ihnen, »geht zu dem Felsen da drüben. Ich bleibe hier und kämpfe mit dem Bären, während ihr flieht. Wenn ihr müde werdet, geht zu dem Felsen.«

Die Kinder liefen weiter. Wieder wurde der Jüngere müde: »Bruder, ich bin müde. Ich möchte ausruhen. Rette mein Leben.« Der Ältere antwortete: »Da drüben ist ein Felsen, dort müssen wir hinlaufen. Er wird unser Leben retten.« Sie gingen zum Felsen und sprachen: »Wir wollen deine Hilfe, ein Bär verfolgt uns. Er wird uns fangen und auffressen. Wir möchten, daß du unser Leben rettest.« Der Felsen erwiderte: »Stellt euch auf mich und schließt eure Augen.« Sie schlossen ihre Augen. Der Fels wuchs in die Höhe und sprach: »Nun öffnet eure Augen!« Sie schauten auf. »Ist er so mächtig?« – »Ja, er ist so mächtig!« – »Dann macht eure Augen wieder zu«, sprach der Fels und erhob sich erneut in die Höhe. Und wieder fragte er die Jungen: »Ist er so mächtig?« – »Ja, er ist so mächtig. Er kann uns immer noch erreichen.« – »Dann schließt eure Augen.« Zum vierten Mal wuchs der Berg in die Höhe – diesmal sehr weit hinauf. Er sprach zu ihnen: »Öffnet eure Augen. Ist er so mächtig?« – »Fast«, antworteten die Jungen.

Und dann kam der Bär. Jedesmal, wenn er versuchte, auf den Felsen zu springen, rutschte er wieder hinunter, dabei ritzten seine Krallen tief in das Gestein. Als der Bär zu seinem viertem und letzten Sprung ansetzte, erreichte er fast den Gipfel, glitt aber wieder hinunter. Die Kinder blieben oben auf dem Felsen. Schließlich gab der Bär auf und sprach: »Ich werde hier unter dem Felsen bleiben.« Daraufhin öffnete sich der Berg, und zum Vorschein kam eine Höhle, die wie ein Tipi aussah. Der Bär ging hinein, und der Felsen schloß sich hinter ihm. Der Bär ist noch heute in diesem Berg – deshalb nennen wir Cheyenne ihn Bär-Tipi. Man kann noch immer sehen, wo seine Krallen den Berg hinab ritzten. Es gibt einige Leute, die erzählen die Geschichte etwas anders – aber so habe ich sie gehört. Es ist derselbe Berg, den die Weißen »Devils Tower« nannten, als sie ihn zum ersten Mal sahen. Aber das ist nicht richtig. Der Bär ging hinein, um dort zu bleiben. Deshalb

Bär-Tipi.

nennen wir Cheyenne den Felsen Bär-Tipi – das ist der richtige
Name für ihn. Es ist eine wahre Geschichte.

Zu diesem Felsen kam ein Mann, der auf der Jagd war. Als
er sich umschaute und nach oben blickte, sah er auf dem Gipfel
die beiden Kinder. Er fragte sich, wie sie wohl herunterkommen könnten – er sah keine Möglichkeit. Der Mann machte
sich auf den Rückweg zum Lager. Als er dort ankam, ging er
zum Ausrufer und trug ihm auf, nach Hilfe zu rufen. Es wären
Kinder hoch oben auf dem Felsen. Sie hungerten und man
müßte sie herunterholen. Dafür allerdings müßten die Leute
ihre Macht benutzen – die Macht, die Indianer immer haben
und die sie immer wieder bekommen werden. Der Häuptling,
ein hoher Mann im Lager, versprach seine Tochter demjenigen, der es vermochte, die Kinder herunterzuholen. Seine
Tochter war ein sehr gut aussehendes Mädchen. Ein großes
Fest sollte gefeiert werden, wenn sie die Kinder herunterbekä-
men. Der Mann, der dies alles ausgelöst hatte, machte sich vier
Pfeile. Für jeden Pfeil benutzte er eine andere Adlerfeder –
Golden Eagle, Bald Eagle und zwei andere, an deren Namen
ich mich nicht mehr erinnern kann. Es sind schwere Namen,
und es ist nicht so einfach für mich, dies alles auf Englisch zu
erklären. Die beiden letzten haben mehr Macht als die anderen.

Die Leute gingen zum Felsen. Dort schoß der Mann seinen ersten Pfeil ab, der aus den Federn des Golden Eagle gemacht war – diese Federn sind auch an den Pfeilen, die wir im Heiligen Tipi aufbewahren. Als der Pfeil am Felsen vorbei in den Himmel flog, verwandelte er sich in einen Golden Eagle. Der Adler stieß hinab und versuchte, die beiden Kinder zu greifen und hochzuheben. Aber es war nicht genügend Macht vorhanden. Der Adler war nicht kräftig genug. Er mußte die Kinder wieder da absetzen, wo sie gesessen hatten. Der Mann schoß den zweiten Pfeil hinauf, der verwandelte sich in einen Bald Eagle. Aber auch dieser Adler konnte die Jungen nicht herunterbringen. Auch dem dritten Pfeil gelang es nicht – aber dem letzten. Es war Motseyoef, der die Kinder wieder herunterbrachte. Motseyoef nahm die Kinder, hob sie hoch in die Luft und brachte sie sicher auf die Erde zurück, wo die Leute warteten. Danach versammelten sich alle im Lager. Trockenfleisch wurde geschnitten und gekocht. Es war für die beiden Kinder, damit sie sich wieder erholten. Alle haben gegessen – ziemlich viele von ihnen. Es ist eine sehr traurige Geschichte – ich glaube sie. Wenn die Weißen diesen Felsen »Devils Tower« nennen, ist das nicht richtig. Es war Motseyoef, der alles gemacht hat, was wir heute in den Zeremonien wiederholen. Deshalb kommen die Jungen und die Männer, um die Pfeile zu sehen, wenn wir sie nach draußen tragen. Das sind die vier Pfeile, die ich noch heute hüte.

Jetzt, da ich viel älter bin, lieferten sie mich einmal ins Krankenhaus ein. Ich hatte mehrere Herzanfälle erlitten, und die Ärzte dachten schon, daß ich es nicht schaffen würde. Es gab da einen Doktor, der war sehr gut. Er behandelte mich mit Elektrizität. Ich konnte fühlen, wie sie durch meinen Körper floß. Ich lag dort, und alle Leute standen um mich herum. Ich hörte die Schwester sagen: »Tretet zurück, ihr steht zu nah!« Vielleicht hätte es die Elektrizität beeinflußt? Zwei Adlerfedern waren an mein Bettgestell gebunden, die Federn des Golden Eagle. Ich sah die Adler kommen. Sie setzten sich auf mein Bett. Ich wartete. Ich wußte, ich würde nicht sterben. Ich wußte, daß es für mich noch nicht Zeit war zu gehen. Einige Tage behielten die Ärzte mich noch im Krankenhaus, dann konnte ich wieder nach Hause.

Treffen der Häuptlinge 1897.

Ein Regierungsbeauftragter kam aus Washington, um mit den Häuptlingen zu sprechen

Ich kann mich noch an das Treffen erinnern, das sie drüben in Cantonment hatten. Alle Männer saßen außerhalb des Gebäudes. Mein Freund ging zum Spielen, aber ich blieb und hörte zu. Der Beauftragte sprach dort zu den Häuptlingen. Er wollte, daß alle Kinder zur Schule gingen. Sie sollten die englische Sprache erlernen, ebenso das Lesen und Schreiben in Schwarz auf Weiß. Vom sechsten Jahr an und aufwärts sollten die Kinder zur Schule gehen. Er sprach zu den Häuptlingen: »Sie werden eure Ohren, eure Augen und euer Mund sein.« Am Ende willigten die Häuptlinge ein. Als sie das getan hatten, gingen die Kinder zur Schule.

Meine Eltern schrieben mich nur für drei Jahre ein, danach konnte ich wieder nach Hause. In der Schule fiel es mir schwer, zu lernen und Englisch zu sprechen. Wir durften nicht mehr auf Cheyenne miteinander reden. Es gab noch andere Dinge, die dabei herausgekommen sind. Ich kann mich noch gut daran erinnern. Eine ganze Weile ging das so. Die Häuptlinge sahen, daß es den Kindern gutging. Aber bald danach entwickelte sich alles ganz anders. Die Kinder, die zur Schule gingen, fingen an, die alten Leute zu betrügen und zu über-

78

vorteilen. Wenn die Leute Geld hatten, rechneten die Kinder falsch und behielten etwas von dem Geld für sich selbst. Als die Häuptlinge das mitbekamen, konnten sie nichts mehr ändern. Sie wollten es aufhalten, aber es war zu spät. Es gab keinen Weg, das zu beenden. So sind die Häuptlinge von der Regierung betrogen worden. Die Kinder entwickelten sich nicht, wie die Häuptlinge gedacht hatten. Sie erklärten den Häuptlingen nicht, was der Weiße Mann ihnen beibrachte. Noch vieles andere entwickelte sich gegen die Häuptlinge. Das ist der Grund, warum alles falsch gelaufen ist. Es gibt auch heutzutage eine Menge Dinge, die sich in das Gegenteil verkehren. Auch heute lassen sie die Häuptlinge so gut wie nichts wissen. Später gab der Regierungsvertreter ihnen gegenüber zu, daß er schon vorher gewußt hätte, daß so etwas passieren könne. So hat er die Häuptlinge betrogen. Die Indianer werden immer betrogen. Die Weißen schlagen uns einen Handel vor, aber sie halten sich nie an die Abmachungen.

Die Kinder, die zur Schule gingen, sprachen sehr gut Englisch. Viele von ihnen gingen von uns fort zur Schule. Aber ihre Eltern blieben in der Nähe und lagerten einfach in deren Umgebung. Die Cheyenne machten weiter mit dem, was sie nicht hätten tun sollen. Sie machten weiter und gebrauchten den Alkohol auf schlechte Weise. Ich habe selbst davon probiert. Aber ich fand bald heraus, daß es nicht gut war, und hörte auf, ihn zu trinken. Ich ging arbeiten und half den Farmern.

Darlington war die erste Arapaho-Schule. Die Arapaho hatten früher nachgegeben als wir Cheyenne. Erst als unsere Häuptlinge einwilligten, begann die Regierung mit dem Bau der Schule in Cantonment. Als meine Eltern von der neuen Schule hörten, nahmen sie mich von der Schule in Darlington und ließen mich zu dieser hier in Cantonment gehen. Cantonment war damals ein Fort, das die Indianer mit Lebensmitteln versorgte. Sie schickten mich zur Schule, als ich schon ziemlich alt war, vielleicht zwölf oder dreizehn Jahre. Ich hatte bis dahin schon etwas Englisch gelernt, aber ich konnte es weder lesen noch schreiben. Ich war auch schlecht im Rechnen. Ich konnte es einfach nicht lernen, war immer schlechter als die anderen. Ich weiß nicht, woran es lag, vielleicht konnte ich nicht so gut denken. Ich hatte Schwierigkeiten, das alles zu lernen.

Während des Massakers am Sand Creek (1864) nahmen die Cheyenne einen weißen Mann gefangen. Sein Name war Amos Chapman. Er war verwundet, ins Bein geschossen. Der älteste Bruder meines Vaters sagte zu seiner Schwester: »Heirate diesen Mann. Er ist krank und braucht Hilfe. Es wird für uns alle gut sein!« Sie hatten Mitleid mit ihm. So haben sie geheiratet. Später sagte seine Schwester, daß Amos gut aussah, als sie sich trafen. Sie heirateten und bekamen viele Kinder. Sie waren halb Cheyennne und halb Weiße. Ich war mit ihnen verwandt, und wir spielten recht oft zusammen. Die Chapmans lebten ein paar Meilen nördlich und ein paar Meilen östlich von Geary, unten am Fluß. Zuerst hatte das Mädchen ziemliche Angst, mit Amos alleine zu sein, deshalb holte sie mich zu sich und behielt mich dort. Ich half ihnen, denn ich war schon groß genug. Sie hatten viele Rinder, Hühner, Schweine, alle möglichen Tiere. Amos mochte mich sehr gern. Wann immer ich in seine Nähe kam, griff er nach mir und setzte mich auf seine Knie. Dann fing er an, Lieder zu singen, und sprach mit mir. So lernte ich Englisch sprechen. Amos hatte ein hölzernes Bein, vom Knie abwärts. Er kam trotzdem gut zurecht und konnte auch auf Pferden reiten. Ich mochte ihn. Er war ein guter Mann. Der alte Chapman wußte recht viel über Sand Creek, denn er war ja dabeigewesen. Es gibt noch immer eine Menge Chapmans in dieser Gegend.

Damals kannten die Cheyenne ihr Alter nicht. Sie wußten nur, in welcher Jahreszeit sie geboren waren, ob im Frühling, Sommer, Herbst oder Winter. Als sie die Kinder zur Schule brachten, schaute der Schuldirektor sie nur an und entschied: »Du bist sieben, du bist zwölf Jahre alt!« Einige Kinder waren noch zu klein für die Schule, und er schickte sie wieder zurück. Wenn jemand meine Eltern fragte, wie alt ich wäre, konnten sie nur sagen, daß ich im Herbst geboren wurde, daß es fast schon Winter war. Es fing an, kalt zu werden, die Blätter fielen, und alles war schon gefroren – was immer auf den Bäumen und auf den Büschen war. So mußte ich mir meinen Geburtstag selbst ausdenken und legte ihn auf den 15. November, in den Mond des Frosts. Das Jahr wußte ich nicht.

Der Schuldirektor war der Chef des Büros, in dem sie die Namen aufschrieben. Ich hatte verschiedene Namen, bevor es bei dem blieb, den ich jetzt habe. Der erste Name, den sie mir gaben, war James Red Hat – das war in Darlington. Der zweite Name war Edgar Red Hat – das war in Cantonment. Eine Küchenfrau, die gut zu den Kleinen war, hörte aber nicht auf, mich Edward zu rufen. Und als die Kinder das herausfanden, ist es bei Edward geblieben. Den Namen haben sie mir einfach gegeben. Ich kannte all diese Namen nicht, wie John, Pete oder Joey. Es gab recht viele davon. Oft konnte ich sie nicht behalten. So ist es gewesen. Es gab vieles, was ich nicht begreifen konnte.

In der Schule arbeiteten überwiegend Männer, die den Kindern beibrachten, Englisch zu sprechen. Sie paßten auf, daß wir nicht Cheyenne miteinander redeten. Wenn wir es trotzdem taten, wurden wir dafür schwer bestraft, und sie schlugen uns. Sie achteten sehr darauf, daß wir nur Englisch sprachen. Es hat lange gedauert, bis wir überhaupt unsere neuen Namen begriffen hatten. Es gab noch viele andere Dinge. Wir paßten einfach auf, und wenn wir einen weißen Mann kommen sahen, hörten wir auf, Cheyenne zu reden. So kamen wir einigermaßen klar. Aber wir hielten es nicht lange durch, wir vergaßen die Vorschriften und sprachen wieder Cheyenne. Und jedesmal erwischten sie uns. Das gleiche galt für die Schule – ein Buch zu lesen, schwarz auf weiß. Zuerst hatte ich Schwierigkeiten, die Wörter zu verstehen. Manchmal versuchten wir auch, von denen zu lernen, die schneller begreifen konnten. Aber oft ging es einfach nicht anders, und wir mußten Cheyenne sprechen.

Einmal hatte ich meine Lektion nicht richtig gelernt oder nicht gemacht, was ich sollte. Zum Schluß ließ meine Lehrerin den Schuldirektor holen. Ich saß weit hinten auf einer Bank, mein Bruder saß weiter vorne. Als der Direktor hereinkam, wußte ich schon, daß etwas passieren würde. Er griff nach der großen Glocke, die auf dem Schreibtisch der Lehrerin stand. Mit ihr wurde geläutet, wenn wir eine Pause hatten. Die Glocke war aus Metall und hatte scharfe Kanten. Der Direktor nahm die Glocke und fing an, mich damit zu bearbeiten – genau hier auf meinem Kopf, auf der rechten Seite. Das Ding schnitt tief in meinen Kopf hinein – Blut floß aus der Wunde. Mein Bruder stand auf und nahm ein großes Tintenfaß. Er warf es dem Direktor genau zwischen die Augen, der gleich hintenüber fiel. Als er am Boden lag, schüttete ich noch mehr Tinte auf ihn. Ich hielt den Mann nieder und schlug ihm ins Gesicht – immer wieder. Alle Kinder rannten weg, als sie den Direktor so liegen sahen. Sie sprangen einfach durchs Fenster oder liefen zur Tür hinaus. Durch Zufall war mein Onkel in der Nähe. Er mußte wohl etwas gehört haben, denn er kam rüber. Mein Onkel sprach gut Englisch. Als er den Direktor sah, fing er an zu tanzen und rief dabei den Namen des Mannes. Mein Bruder und ich flüchteten nach Westen. Wir liefen zum Lager meines Onkels.

Auf halbem Wege zwischen dem Schulhaus und dem Land meines Onkels lag eine Mission. Dort hielten wir an. Die Leute verbanden mir den Kopf, und wir liefen weiter. Alle Lehrer rannten uns bis zum Haus meines Onkels nach. Sie klopften an die Tür und riefen: »Kommt heraus, niemand wird euch etwas tun. Komm heraus, komm zurück zur Schule, damit wir deinen Kopf behandeln können. Habt keine Angst, niemand wird euch etwas antun.« Irgendwann sind wir dann rausgegangen, und sie brachten uns zurück zur Schule. Dort wurde der Direktor wieder grob mit uns. Aber mein Onkel setzte sich für uns ein. Er hatte keine Angst und drohte ihm: »Wenn du den Jungen irgend etwas tust, werde ich dich schlagen. Ich werde mit dir kämpfen!« Der Direktor hat uns nie wieder angerührt. Später wollte er mir die Hand schütteln, aber ich wollte nicht. Auch die Missions-Schwestern sagten, daß ich es nicht tun sollte. Seitdem habe ich auf meinem Kopf unterschiedliches Haar. An der Stelle, wo er mich geschlagen hat, ist das Haar weich, auf der anderen Seite ist es fester.

Ich war eine ganze Weile krank – mein Kopf tat weh. Wegen dieser Verletzung konnte ich nicht am Ersten Weltkrieg teilnehmen. Alle meine Klassenkameraden wurden eingezogen. Ich machte die Prüfungen zwar auch mit – Schreiben, Rechnen und so weiter. Aber als sie herausfanden, daß etwas mit meinem Kopf nicht in Ordnung war, wollten sie mich nicht mehr. Alle Klassenkameraden kehrten aus dem Krieg zurück. Während des Ersten Weltkriegs hatten sich die Häuptlinge und die Kriegergesellschaften versammelt und waren in das Pfeiltipi gegangen. Sie nahmen die Pfeile und richteten sie auf Europa, wo unsere Krieger den Krieg gewinnen sollten. Einige Cheyenne waren zu diesem Zeitpunkt bereits drüben – das waren diejenigen, die getötet wurden. Die Männer baten den Pfeilhüter, eine bestimmte Zeremonie durchzuführen, damit alle Cheyenne lebend zurückkämen – und alle Krieger kehrten zurück.

Ich bin nie wie die anderen Jungen und Mädchen aus der Schule ausgerissen. Die Eltern brachten ihre Kinder jedesmal zurück, weil sie Angst hatten. Sie hatten aber keine Ahnung, was mit ihren Kindern geschehen würde. In der Schule gab es eine große Halle, in die brachte man die Ausreißer und stellte sie dort auf einen bestimmten Platz. Der Schuldirektor schickte nach den anderen Lehrern und dem Personal. Alle kamen und mußten zusehen, wie der Schuldirektor die Kinder verprügelte. Er schlug sehr hart zu und prügelte sie so lange, bis die Kinder laut schrien. In der Schule gab es einen Jungen, der schon recht groß war. Einmal dachte er, es wäre kein Lehrer in der Nähe, und sprach Cheyenne. Der Direktor stand aber unweit von ihm und hörte ihn reden. Er ging sofort hinüber zu dem Jungen und schlug ihm mit einem großen Stock auf den Kopf. Der Junge fiel blutend zu Boden. Als der Direktor sich umdrehte und wegging, muß er gedacht haben, er hätte ihn umgebracht. Nicht weit entfernt stand ein hoher Stapel aus verschieden großen Scheiten, die sie benutzten, um Feuer zu machen. Der Junge stand auf, nahm ein Scheit und haute damit auf den Kopf des Direktors. Der fiel blutend zu Boden. Mir war nicht ganz klar, auf wessen Seite ich stand. Beide sind wieder auf die Beine gekommen. Manchmal ließen sie uns nach Hause gehen, zum Beispiel in der Weihnachtszeit, dann durften wir zu unseren Familien.

Der Direktor war kein guter Mensch. Er war immer noch da, als Minni in Cantonment zur Schule ging. Einmal kam ihre Mutter sie dort besuchen. Beim Abschied wollte Minni ihre Mutter nicht fortlassen und hielt sich an ihr fest. Der Direktor versuchte, Minni wegzuziehen, aber sie klammerte sich weiter an ihr fest. Zum Schluß stieß er ihre Mutter einfach um und schleppte Minni zur Schule zurück. Die Mutter ging nach Hause und berichtete ihrem Vater, Little Man, davon. Er war der Pfeilhüter. Als Little Man später nach Washington reiste, berichtete er der Regierung, daß dieser Mann nicht gut war. Es dauerte nicht lange, und der Direktor wurde entlassen. Sie haben ihn rausgeworfen.

Als ich noch klein war, fuhren wir jeden Sommer zu den verschiedenen Tanzveranstaltungen. Wir gingen auch nach Anadarko, wo die Kiowa lebten. Sie hatten einen Tanz, den sie Schlangentanz nannten. Jeder tanzte – ich auch – und jeder sang sein eigenes Lied. Da waren diese Leute – sie haben mich wohl tanzen sehen. Als der Tanz vorbei war, kamen sie zu unserem Lager und fragten meine Eltern, ob sie mich mitnehmen könnten. Sie hatten einmal einen Sohn, dem ich sehr ähnlich sah. Ich bekam es richtig mit der Angst. Sie hatten irgendwo einen Laden, und dorthin wollten sie mich mitnehmen. Ich könnte soviel Süßigkeiten essen, wie ich wollte. Zum Schluß wurde ich so ängstlich, daß ich weglief. Mein Vater lief mir nach. Ich rannte hinunter zum Fluß, den sie Washita River nennen – zu dem Platz, wo wir fischten. Das Wasser war sehr tief, und etliche große Fische schwammen darin herum – wir fingen sie mit unseren Händen. Als ich dort unten ankam, sprang ich sofort ins Wasser. Meine Sachen hatte ich noch alle an. Mein Vater blieb am Ufer stehen – er wollte nicht angezogen ins Wasser springen. Er sprach Cheyenne mit mir und sagte, ich solle rauskommen. Ich rief ihm zu: »Ich habe Angst, daß ihr mich weggebt!« Erst als er mir versprochen hatte, mich zu behalten, kam ich wieder aus dem Wasser. Seit diesem Erlebnis bin ich nie wieder nach Anadarko gefahren – ich weiß nicht warum. Ich muß wohl sehr viel Angst gehabt haben – jedenfalls ging ich nie wieder dorthin.

Sam Chapman und ich waren die besten Freunde

Er war der jüngste von Amos Chapmans zehn Kindern. Wir pendelten ständig zwischen seinem und meinem Zuhause hin und her. Sam besaß ein frisiertes Auto, die Schutzbleche hatte er abmontiert, und so sah es aus wie ein Rennwagen. Es gab nur einen einzigen Sitz. Wir beide verbrachten viel Zeit miteinander und hatten viel Spaß dabei, mit diesem Auto herumzufahren. Wir waren oft unterwegs – zum Tanzen oder hinter den Mädchen her.

Früher paßten die alten Leute besonders gut auf die jungen Mädchen auf. Die Jungen schlichen sich im Dunkeln heran, und versuchten sie zu treffen. Das Mädchen entfernte sich ein Stück vom Lager ihrer Eltern, und so konnten die beiden sich unterhalten. Einmal besuchte Sam sein Mädchen, diejenige, die er heiraten wollte. Ihr Name war Mary Long Neck. Wir beide fuhren zu ihrem Lager, und er traf sich mit ihr. Es gab da noch ein kleines Mädchen, das immer kam und die beiden beobachtete. Sie lief zurück ins Haus und kam dann wieder heraus. Da ich sie kannte, unterhielt ich mich mit ihr, um sie von Sam und Mary abzulenken. Die Kleine wußte genau, was vor sich ging. Dann fuhren wir wieder ab. Wir sprangen auf das Auto, hielten uns fest – stehend oder liegend – und ab ging es.

Sams Mutter wollte, daß er einer Kriegergesellschaft beitrat, deshalb ging er zu den Dog Soldiers. Als seine Mutter starb, hörte er damit wieder auf. Ich schloß mich als junger Teenager der Bowstring Society an. Sams Mutter pflegte zu sagen: »Halb Weißer Mann, halb Roter Mann haben ein besseres Gehirn!« Sie sprach nicht sehr gutes Englisch.

Wir gingen auch zu den Tänzen des Weißen Mannes. Ich war ein recht guter Tänzer, besonders gern tanzte ich eng. Wir fuhren auch zu den indianischen Pow Wows. Wenn man die vorgeschriebene Tanz-Zeit nicht einhielt, mußte man etwas bezahlen. Wenn es Minni passierte, gab sie mir einen Dollar, und wenn es mir passierte, gab ich ihr einen Dollar. So hielten wir das Geld in der Familie.

Wenn Sam und ich nach Seiling kamen, sagten die Leute: »Killroy ist in der Stadt!« Das ist jemand, der immer in irgendwelchen Schwierigkeiten steckt. Seiling war damals noch viel größer als heute. Als ich ungefähr zwölf Jahre alt war, ritten wir noch mit unseren Pferden auf den Bürgersteigen. In den alten Tagen war auch Longdale eine ziemlich rauhe Stadt. Die Leute stachen einem Löcher durch die Ohren, ohne etwas zu sagen – sie packten einen einfach bei den Ohren. Es gab einen

Prediger in Longdale, der Whisky verkaufte. Während der Prohibition gab es entlang des Flusses eine ganze Anzahl Destillerien. Sam und sein Bruder brauten auch Whisky. In der Sommerzeit war Chester, vier Meilen von Seiling entfernt, die wildeste Stadt. Ich zog zwar auch herum, aber trank niemals wie diese Trunkenbolde. Ich war nie betrunken. Ich konnte auch ohne Alkohol Spaß haben.

Sam war ein professioneller Baseball-Spieler in Haskell, als John Thorpe noch da war. Ich spielte nur in den kleinen Stadt-Mannschaften. Ich war Ballwerfer. Damals gab es noch etliche bekannte indianische Baseball-Spieler. Der erste Indianer, der in der großen Liga spielte, war ein Penobscot aus Maine. Er spielte für Cleveland in den 1890ern. Deshalb nennt man den Verein heute die »Indians« – eben weil sie den ersten indianischen Spieler hatten. Es gibt eine lustige Geschichte über einen Indianer, der seinen ersten *home run* machte. Sie stellten ihn auf eine Basis und erklärten ihm: »Wenn der Mann den Ball schlägt, lauf nach Hause. Lauf zur dritten Basis, mach einen Punkt und lauf nach Hause.« Der Ball wurde geschlagen und flog weit hinauf. Anstatt auf seine *home base* zu laufen, lief er, so schnell er konnte, zurück zu seinem Tipi. Er kam näher und rutschte mit vollem Schwung hinein. Seine Frau, die am Boden kochte, rief entsetzt: »Was machst du da?« Er antwortete: »Ich spiele Ball!« Als Sam seinen Arm verletzte, hörte er auf zu spielen und arbeitete dreiundzwanzig Jahre lang auf den Ölfeldern. Jetzt besitzt er Rennpferde. Sein Pferd Amber wurde von einem Jockey namens Jack Kaenal geritten. Es ist eines der dreizehn Pferde, die das Triple A in den USA gewonnen haben. In Oklahoma gibt es mehr Rennpferde und Abwehrspieler als in jedem anderen Staat. Sam wurde ruhiger, als er verheiratet war. Oft sagte er zu mir: »Als wir uns beide zur Ruhe setzten, wurde die Welt schlecht. Kein Whisky mehr und keine Frauen!«

In den alten Tagen, wenn die Cheyenne heirateten, brachte der Junge das Mädchen zum Lager seiner Eltern. Dort blieben sie über Nacht. Seine Eltern und Verwandten kamen mit Geschenken und Speisen. Am nächsten Tag begleitete seine Familie das Mädchen zu ihren Eltern. Sie ritt auf einem Pferd. Seine Familie legte dort Geschenke nieder für die Eltern und

Verwandten des Mädchens. Auf den Geschenken war der Name des Gebers vermerkt. Die Familie des Mädchens hatte ihre Zelte in einer Reihe aufgestellt. Und wessen Geschenk sie am liebsten mochten, dessen Namen schrieben sie auf ihr Zelt. So haben sie es gemacht. Als Minni und ich heirateten, ritt sie auf einem Pferd und trug ihr Muschelkleid. Auch für uns stellten sie ein Tipi auf. Minnis indianischer Name ist Ekomena, Shell Woman. Das ist ein Name, den man nur sehr hübschen Mädchen gibt. Minni und ich heirateten am 25. Januar 1925 in Taloga. Minni war sechzehn und ich ungefähr neunundzwanzig Jahre alt. Erst fünf Jahre später bekamen wir unseren Sohn Wayne. Er wurde geboren und erzogen wie ein Cheyenne – genau wie wir. Ich bin vorher schon einmal verheiratet gewesen. Wir hatten eine Tochter, ihr Name ist Gladys Whiteman. Sie lebt in Seiling. Ein Sohn starb, als er noch sehr klein war. Nachdem ich mit Minni verheiratet war, lebte ich für einige Zeit wieder mit meiner ersten Frau Grace zusammen – aber wir hatten viel Streit. Deshalb ging ich zurück zu Minni – wir kamen gut miteinander aus. Minni hat darüber nie ein Wort verloren oder mir das Leben schwer gemacht. Grace wurde später die Frau meines Bruders.

In Cantonment gab es einen Bach, dort hatte Minnis Familie ihr Lager. Minnis Großvater Little Man war der Pfeilhüter. Er war der Sohn von Stone Foreheads Schwester. Stone Forehead ist der Pfeilhüter, der mit Custer geraucht hat. Stone Forehead starb 1876 am Powder River. Little Man erhielt die Pfeile 1883. Er hatte zwei Frauen, Walking Woman und ihre Schwester. Als er 1917 starb, begruben sie ihn da, wo sie lebten – auf einem der Sandhügel. Dort begruben alle Cheyenne ihre Toten. Als sie den Canton-Stausee bauten, wurden alle wieder ausgegraben, und man setzte sie auf dem Häuptlingsfriedhof bei. Das ist der Grund, weshalb wir nicht gerne im Stausee schwimmen. Meats Ranch, unser alter Zeremonialplatz, ist jetzt auch mit Wasser bedeckt. Minnis Großmutter Walking Woman starb vor langer Zeit, als sie noch frei über das Land ziehen konnten. Sie haben sie irgendwo in diesen Hügeln begraben, zwischen Longdale und Okeene. Sie wickelten sie in Baumwolle ein, legten sie in eine

Sarah Little Man mit der kleinen Minni auf dem Arm, 1913.

Höhle und verschlossen das Grab mit Steinen. Minnis Mutter hieß Sarah Little Man. Minni wurde im Sommer während der Zeremonien geboren – zwischen Geary und Calumet. Ihr Vater war Bald Face Buffalo. Als es die Agency noch gab, arbeitete er als Polizist. Sein Vater war Little Bear, der 1891 mit einer Delegation nach Washington fuhr. Minnis Onkel, Baldwin Twins, wurde später Pfeilhüter (1936 – 1956).

Die Frauen verdienten sich ihr Geld mit Perlenstickereien und Lederarbeiten. Die Weißen stellten alle Materialien bereit, Perlen, Leder – alles, was sie dazu brauchten. Damals benutz-

Minnis Großvater Little Bear.

ten sie noch Sehnen zum Nähen, keine Nylonfäden. Die
Frauen fertigten Mokassins, Handtaschen und indianische
Puppen. Wenn sie fertig waren, kauften diese Leute es ihnen
ab. Sie zahlten den Frauen etwas dafür und sagten, sie würden
die Sachen nach Deutschland schicken. Petter, ein Deutscher,
war derjenige, der die Cheyenne-Sprache aufschrieb. Er pre-
digte dort in der Kirche. Es gab viele verschiedene Gebäude in
Cantonment. Jetzt sind sie alle verschwunden, nur das alte
Gebäude aus Stein steht noch dort. Wo die Landschaft hügelig
aussieht, stand die Schule.

Als Minnis Vater aufhörte, in Cantonment zu arbeiten, zog seine Familie an einen anderen Ort – drei Meilen westlich von Longdale. Minnis Mutter starb 1945. Damals nahmen sie ihr das Land weg und bauten den Stausee. Für das Geld kaufte ihr Vater dies Land, auf dem wir heute noch leben.

Nachdem Minni und ich verheiratet waren, lebten wir bei Minnis Eltern. Ich versuchte, ihnen zu helfen, so gut ich konnte, deshalb haben sie mich wohl auch sehr gern gehabt. Aber mit ihrer Schwester und deren zweitem Mann gab es ständig irgendwelchen Ärger. Als Wayne geboren wurde, zogen Minni und ich deshalb auf das Land meiner Mutter, nördlich von Seiling. Mein jüngster Bruder Roger lebte dort mit uns. Roger starb, weil er getrunken hat. Er war sehr geschickt mit seinen Händen. Er konnte alles mögliche bauen, kleine Häuser aus Holz ebenso wie größere Teile für die Plan-wagen, mit denen sie damals fuhren. In jener Zeit lebten wir alle noch in Zelten.

Nachdem meine Mutter gestorben war, heiratete mein Va-ter noch einmal. Er lebte mit seiner neuen Familie auch auf dem Land meiner Mutter. Auf der Westseite steht ein kleines altes Haus, da wohnten sie, mein Vater, meine Stiefmutter und ihre Kinder, Sophy, Curley und Catherine. Minni und die Mädchen hatten sehr viel Spaß, sie haben miteinander gerun-gen. Einmal vermißte ein weißer Mann seinen Hund, es war ein kleiner Chihuahua. Sie verdächtigten die Indianer, den Hund gegessen zu haben. Ein Polizist kam zum Haus meiner Stiefmutter und beschuldigte sie. Aber meine Stiefmutter hat ihn ganz schön abblitzen lassen: »Ihr Weißen seid doch diejeni-gen, die Hunde essen. Ihr lauft herum und schreit immer ›Hot Dog, Hot Dog!‹«

Catherine konnte nicht sprechen, aber sie verstand, was man ihr sagte – und das hat sie dann getan. Catherine war sehr gelenkig, sie konnte sich ihre Beine um den Hals legen. Die Stelle auf ihrem Kopf, die bei Säuglingen zuerst weich ist, war nicht zugewachsen. Als Catherine sechzehn oder siebzehn Jahre alt war, kam sie auf tragische Weise ums Leben. Wir alle waren fort zum Pferderennen. Sie hat wohl Papier genommen – sie hielt immer irgendwelches Papier in der Hand – und spielte damit. Draußen hatten wir stets ein offenes Feuer. Das

Papier fing an zu brennen, und ihr Kleid muß dabei auch Feuer gefangen haben. Unser Vater schlief in seinem Zelt, das auch abbrannte. Der alte Mann konnte sich retten, aber Catherine konnte er nicht mehr helfen.

In unserem Haus nahmen wir immer Personen auf, die sich nicht mehr selbst versorgen konnten – zum Beispiel Minnis Tante. Es machte sehr viel Arbeit. Die Angestellten der Agency kamen vorbei und inspizierten die Häuser und Zelte, ob sie sauber und ordentlich waren. Es gab verschiedene Wettbewerbe – wer hat das schönste und sauberste Heim? Minni hielt unser Zelt immer sehr hübsch und ordentlich, und einmal gewann sie den zweiten Preis. Sie gaben ihr ein Zelt. Aber diese Wettbewerbe stellten sie bald wieder ein. Wir besaßen eines der ersten Radios. Ich fällte einen Baum und schnitzte daraus einen Propeller, den ich an die Lichtmaschine und die Batterie des Autos anschloß – damit betrieben wir unser Radio.

Ich möchte erzählen, wie es früher einmal war

Die Geschichte ist nicht lang. Sie handelt davon, wie Leute heirateten – vor langer Zeit. Manchmal waren sie eifersüchtig und wollten jemand anderen. Als die Cheyenne noch durch das Land wanderten, waren sie immer in Bewegung. Das war zu jener Zeit, als es noch keine Orte gab, die irgend jemandem gehörten. Es gab niemanden, dem etwas gehörte – die Menschen zogen nur durch das Land. Sie suchten nach Plätzen, an denen gutes Gras und Wasser für die Pferde vorhanden war. Es gab zwei Brüder – der ältere Bruder war verheiratet, der jüngere nicht. Der Ältere bewachte die Pferde und trieb sie dahin, wo sie grasen konnten, und dreimal am Tag führte er sie zum Wasser. Sie hielten die Pferde den ganzen Tag in Bewegung. Nachts trieben die Männer sie näher an das Lager heran. So ging es die ganze Zeit.

Das Mädchen mochte ihren Schwager. Der wollte jedoch mit der Frau seines Bruders nichts anfangen – er wollte seinen Bruder nicht hintergehen. Aber das Mädchen gab nicht auf. Der junge Mann wies sie weiterhin zurück: »Nein, das will ich meinem Bruder nicht antun!« Das Mädchen überlegte, was sie tun könnte, und wußte auch schon was. Als die beiden Männer unterwegs waren, grub sie im Tipi ein tiefes Loch. Jeden Tag arbeitete sie daran. Bevor die beiden nachts zurückkamen, deckte sie etwas über die Öffnung. Endlich war die Grube tief genug. Sie hatte sich alles gut ausgedacht. Als der junge Mann hereinkam, hatte sie sein Bett schon bereitet. Er ging und legte sich nieder. Als er das tat, gab das Bett nach, und er fiel in das Loch hinunter. Ihr Mann kam erst nach Hause, als es schon dunkel war. Sie hatte sich bereits überlegt, was sie ihm sagen würde. Sie erzählte ihrem Mann, daß sein Bruder zur Jagd gegangen sei und erst sehr spät zurückkäme. Während sich die beiden unterhielten, hörte ihr Mann plötzlich ein Geräusch. Aber seine Frau beschwichtigte ihn: »Irgend etwas ist da draußen, das die Geräusche macht. Das ist es, was du hörst!« Am Morgen wachten sie früh auf, denn an diesem Tag wollten sie weiterwandern. Als sie aufstanden, warf die Frau schnell ein Büffelfell über die Grube und beruhigte ihren Mann: »Dein Bruder wird schon kommen. Vielleicht ist er bei den Pferden, oder er will woanders hinziehen!« Sie war um Ausreden nicht verlegen. Als sie bereits ein ganzes Stück gegangen waren, wollte ihr Mann umkehren und das Büffelfell holen, das seine Frau vergessen hatte. Doch sie sagte zu ihm: »Die Haut war nicht mehr gut, deshalb ließ ich sie zurück!« So zogen sie weiter – sehr weit fort – und suchten einen guten Platz für ihre Pferde.

Der Junge lag noch immer unten in der Grube. Zwei Wölfe kamen vorbei, ein Gehörnter Wolf und ein Grauer Wolf. Sie hatten den Platz bereits ausgespäht. Der Graue Wolf – er hatte die Farbe von Salbei – sagte zu dem anderen: »Da unten ist jemand!« Beide fingen an, sich um die Beute zu streiten. Der Graue Wolf gab nicht nach: »Ich war zuerst hier. Ich entdeckte den Jungen zuerst in dem Loch da unten, deshalb ist er mein. Wenn ich ihn fange, ist es meine Aufgabe, mich mit ihm anzufreunden. Ich werde den Jungen nicht töten.« Die Wölfe entschieden, daß der Junge dem gehören sollte, der sich als erster zu ihm durchgraben konnte. Beide fingen an, sich zu dem Loch vorzuarbeiten. Der Gehörnte Wolf war bösartig, er mochte keine Menschen. Der erste, der Graue Wolf, wollte

der Freund des Jüngeren werden, aber der andere, der Gehörnte Wolf, wollte ihn auffressen. Der Graue Wolf gewann.
Er erreichte den Jungen zuerst und sprach zu ihm: »Du bist
mein Freund. Komm hier entlang ins Freie.« Und so konnte
der Junge endlich aus der Grube entkommen. Der Gehörnte
Wolf kehrte wieder um – er hatte nicht gewonnen. Diese
Wölfe tanzen auch in der Tier-Zeremonie. Der Graue Wolf
läuft im Lager herum – er ist freundlich zu den Leuten. Der
Gehörnte Wolf geht nicht hinein, denn er ist nicht freundlich zu den Menschen – er ist ihr Feind. Die beiden neuen
Freunde zogen weiter. Der Graue Wolf sprach zu dem
Jungen: »Mein Freund, wende dich nach Osten und beuge
dich ein bißchen nach vorn. Ich werde ein Stück laufen und
dann vier Sprünge machen. Beim ersten Sprung werde ich
auf deinem Rücken landen. Nachdem ich auf deinem Rükken gelandet bin, springe ich über dich hinweg. Dann mußt
du mir nachspringen.« So haben sie es dann gemacht. Der
Graue Wolf lief weiter, um nach seinen Freunden zu suchen.
Wenn ein Rudel Grauer Wölfe zu sehen ist, dann ist er unter
ihnen. –
Wenn die Grauen Wölfe zusammen jagten, war der Junge,
der sich in einen Wolf verwandelt hatte, besonders schnell.
Eines Tages waren Indianer unterwegs, um nach Büffeln zu
suchen. Der Graue Wolf jagte mit den anderen Wölfen hinter
einem Hügel, und man konnte sie nicht sehen. Die Wölfe
achteten immer darauf, ob Menschen in der Nähe waren. Sie
besaßen Macht, und deshalb ließen die Menschen sie in Ruhe.
Als die Indianer die Büffel jagenden Wölfe sahen, war der
Graue Wolf ihr Anführer. Er war der erste, der die Büffel
anfiel und erlegte. – Wölfe beißen mit ihren Zähnen den Büffeln in die Nase und werfen sie dann zu Boden. – Die Indianer
sahen, wie er das machte. Aber wenn er lief, sah dieser Graue
Wolf anders aus als die anderen. Er lief nicht so, wie Wölfe
laufen. Er lief, als hätte er sich die Pfote verletzt. Die Indianer
wurden mißtrauisch, und als sie wieder in ihrem Lager waren,
erzählten sie den Leuten: »Wir haben einen seltsamen Wolf
gesehen, der wie ein Mensch aussieht. Er hat Haare auf
seinem Rücken und ist sehr schnell. Er ist schneller als alle
anderen Grauen Wölfe. Erst wenn er den Büffel bereits ge-

packt hat, kommen die anderen und beißen zu. Er bereitet das Mahl für den Rest der Grauen Wölfe!« Das erzählten sie, als sie zum Lager zurückkamen. Der Häuptling sprach zu den Jägern: »Das wollen wir uns ansehen. Wir werden alle hinausgehen und das Rudel umstellen. Vielleicht erkennen wir, wer es ist, und können ihn fangen!« Die Männer stiegen auf ihre Pferde und ritten los, um den Grauen Wolf zu fangen. Es waren viele. Die Jäger umzingelten den seltsamen Wolf und nahmen ihn gefangen. Es war ein Indianer – derjenige, der einigen von ihnen verloren gegangen war, als er die Pferde zum Grasen führte. Auf diese Weise bekamen sie den Jungen zurück. Als sie ihn zum Lager zurückbrachten, versammelten sich die Verwandten des Jungen und kochten verschiedene Speisen. Damals hatten sie nicht, was wir heute haben – sie hatten nur Trockenfleisch.

Diese Grauen Wölfe sind sehr mächtig – es hat viele von ihnen gegeben. Es gab noch andere, die auch in Ordnung waren. Die Gehörnten Wölfe hingegen waren böse. Aber es gab noch andere, die auch bösartig waren. Sie kamen dicht an die Menschen heran und griffen sie an. Ein mächtiger spiritueller Medizinmann mußte herausfinden, was zu tun war – das war der einzige Weg. Er rief die Geister. Die Leute sollten Trockenfleisch geben und das Mädchen, das versucht hatte, dem Jungen zu schaden – das Mädchen, das versucht hatte, den jungen Mann dazu zu bekommen, sie zu heiraten. Aber der Junge wollte nicht. Er schätzte seinen Bruder und wollte ihm das nicht antun. – So kommt es immer heraus. Es gab unterschiedliche Möglichkeiten, ein solches Handeln zu bestrafen. Dieses Mädchen jedoch mußte mit dem Trockenfleisch zu den Wölfen gehen, die Wölfe haben es bekommen. Sie mußten etwas zurückgeben, als sie den Jungen zurück erhielten. Es gibt viele Dinge, die Wölfe tun konnten – es waren sehr schlaue Wölfe. Sie konnten dich vor etwas warnen, das vor dir lag. Und sie freundeten sich mit dir an. So ist alles ausgegangen – schwierig, es aufzuhalten.

Vor langer Zeit haben solche Geschichten uns den Weg gewiesen. Aber viele Leute verstehen es nicht. Damals sprachen die Menschen mit den Tieren – mit den wilden Tieren. Viele Male haben die Tiere dich gerettet, viele Male haben sie dir geschadet. Oft wünschten sie dir etwas Böses, oft wünschten sie dir Glück. So sind die Tiere damals gewesen. Die meisten Leute, auch unsere Cheyenne, meinen, das wären nur Märchen. Aber hör dir diese Geschichten an, sie sagen dir etwas. Es gibt viele Weiße, die aus Oklahoma City anrufen und Geschichten hören wollen. Sie bieten den Cheyenne Geld an. Aber dann finden sie heraus, daß die Indianer diese Geschichten nicht erzählen sollen. Es muß eine Person sein, die bekannt ist und diese Geschichten wirklich kennt. Es ist das gleiche wie in der Schule. Der Lehrer bringt den Kleinen bei, wie alles gemacht wird und was die Wörter bedeuten. Aber heute läuft alles aufs Geld hinaus. Es gibt eine ganze Reihe von Leuten, die fahren zur Universität in Oklahoma City und erzählen die Geschichten gegen Bezahlung. Aber man muß die richtigen Personen treffen, die diese Dinge erzählen können – manchmal hat man Glück und begegnet dem Richtigen. Aber andere gehen über sehr gute Dinge hinweg. Einige glauben es nicht, andere sagen, es wären nur erfundene Geschichten. Aber es stimmt alles, wenn nur die richtige Person diese Dinge erzählt. Aber es ist schwer – sehr schwer – für die Leute, so zu lernen.

Nun werde ich etwas erzählen, vielleicht verstehst du es, vielleicht auch nicht. Es gibt ein Indianerlager. Sie haben Zusammenkünfte und verschiedene Kriegergesellschaften, so wie unsere – Dog Soldiers, Hoof Rattler, Bowstring und all das. Sie sind alle in dem Kreis. Es gibt einige, die drehen die Dinge um. Man kann es kaum beschreiben, aber sie tun es. Sie hatten ein Treffen. Es gab einen unbekannten Mann, einen sehr guten Mann. Es ist mehr eine Person, ein Körper – all die wichtigen Teile wie Augen, Ohren, Nase, Mund, Arme, Beine. Es gab eine Zusammenkunft für all diese Dinge. Die anderen wußten, was für eine Art Treffen das war. Einer wurde ausgeschlossen – einen hatten sie vergessen. Alle saßen schon im Tipi, und der letzte hatte da drinnen keinen Platz. Sie sagten zu ihm: »Komm, du sitzt hier.« Sie wollten ihn auf der rechten Seite der Tür haben, sehr nahe an der Tür. Der Mann antwortete: »Ich werde genau hier sitzen.« Alle übrigen befanden sich auf der anderen Seite. Jener Mann war der wichtigste – er hatte das Treffen einberufen. Es gab eine Krankheit, das war derjenige, der nahe bei der Tür saß. – Ich weiß kaum, wie ich das auf Englisch erzählen soll. – In gewisser Hinsicht war er derjenige, der für den Hals zuständig ist, für das Husten. Jeder von ihnen bekleidet eine solche Position, sorgt für die verschiedenen Krankheiten in deinem Körper – Nase, Ohren, alle Organe, welche Krankheit auch immer du hast. Es waren alle Leute versammelt, die dafür verantwortlich sind. Sie sind diejenigen, die das ganze Jahr über dafür sorgen, zu jeder Zeit. Im Winter wird es schlimmer – Erkältungskrankheiten. Es ist alles hier. Dieser Mann sorgt für uns – Hals, Ohren und all das. Gekleidet war er in Seide. Es gibt viele solche Dinge. Es ist ein sehr realer Ort. Auch der Weiße Mann hat die verschiedenen Krankheiten und Personen, die sie haben. Jeden Tag und jede Nacht finden diese Treffen statt. Wenn etwas mit deinem Arm nicht in Ordnung ist, gibt es einen, der dir hilft. Aber er ist auch derjenige, der es verursacht. Oft wird man wieder gesund. Ich weiß nicht, ob die Weißen jemals wußten, daß es solche Treffen gibt. Sie haben diese Versammlungen in jeder Minute – jemand muß sie haben. Es ist sehr mächtig. Diese Leute wußten viele Dinge, und sie lebten nach den Regeln. Es ist alles Medizin – es ist das Leben.

Ich kenne noch mehr Geschichten, aber sie sind alle sehr lang, und es dauert fast die ganze Nacht, sie zu erzählen. Die Leute mußten etwas kochen, wenn sie diese Geschichten hören wollten. Sie holten eine Frucht aus dem Norden. Sie haben die Beeren dort gesammelt und dann nach Oklahoma gebracht. Wenn jemand eine Geschichte erzählen sollte, wurden sie gekocht. In den Bergen gibt es viele verschiedene Beeren. Ich mag sie sehr gerne. Einige sind sehr süß. Es gibt auch Pflaumen, wilde Pflaumen – die sind auch sehr gut. Ich weiß nicht, was sie so süß macht. Vielleicht weil es oben in den Bergen viel Luft gibt, viel Feuchtigkeit und Sonnenschein.

Ich hielt Rennpferde und betrieb Ackerbau

Ich hatte fünf Rennpferde, Rew Stood, Approvel, Sky Red, Gaa und Jim Bean – es waren Hengste, keine Stuten. Als Wayne ein Baby war, ließen wir seine Ohren während der Neuen Lebenshütte durchstechen, und ich verschenkte Jim Bean. Die Pferde setzte ich auch in der Landwirtschaft ein. Wir pflanzten Baumwolle, Mais, Zuckerrohr, Kartoffeln, Pfeffer und Wassermelonen. Wir hatten auch Kühe und Hühner – lauter verschiedene Tiere. Damals ging Wayne noch nicht zur Schule. Als er ungefähr fünf Jahre alt war, gingen wir zu einer der Peyote-Zeremonien. Dort lernten wir einen alten Mann kennen, einen Pawnee-Indianer. Am nächsten Morgen, als die Zeremonie beendet war, erzählte ihm jemand, daß ich zum Teil auch ein Pawnee sei. Daraufhin sagte er zu Wayne: »Ich gebe dir einen Pawnee-Namen – Dog Chief.«

Mit den Rennpferden fing ich an, kurz nachdem wir verheiratet waren. Wir hatten wirklich gute Pferde. Sie waren sehr schnell. Die langen Distanzen mochte ich besonders gern, nicht so sehr die kurzen – man konnte dabei auch mehr Geld gewinnen. Wir reisten überall hin, hoch nach Norden und runter nach Mexiko. Sie luden mich und meine Pferde zu den Rennen ein und zahlten für die Zugfahrkarte und alles, was ich brauchte.

Gewöhnlich liefen die Rennpferde hinter unserem Planwagen her. Wo immer die Rennen stattfanden, mußten die Pferde selbst hinlaufen. Die Weißen transportierten ihre Pferde in großen Anhängern. Trotzdem habe ich überall gewonnen. Die Indianer baten mich, nicht mehr zu ihren Rennen zu kommen, weil ich immer gewann. Sie sagten, ich solle zu den Rennen des Weißen Mannes gehen. Ich habe damals sehr viel Geld gemacht. Es gab Preise bis zu 500 Dollar und manchmal sogar mehr. Jeder in dieser Gegend kannte meine Pferde – sie waren überall bekannt. Ich hatte sogar weiße Jungen, die für mich geritten sind. Sie kamen zu mir und fragten, ob sie für mich reiten dürften. Sie wollten auch gutes Geld verdienen.

Ich hatte einen besonders guten Jockey. Er war ein Weißer, hatte auch Frau und Kinder. Als er einmal ein Rennen für mich ritt, fiel er vom Pferd. Es hatte ausgeschlagen, er war gestürzt und hatte sich das Bein gebrochen. Er lief noch immer an Krücken, als er zurückkam, um mich zu fragen, ob er wieder reiten könnte. Er brauchte Geld für seine Familie. Ich erkundigte mich nach seinem Bein – es war genau über dem Knie gebrochen. Aber er antwortete: »Das Pferd wird schon auf mich aufpassen!« Es war ein gutes Pferd. Es sah alt aus, die Ohren hingen nach unten und seine Beine waren sehr schwach. Ich mußte sie mit Bandagen umwickeln. Mein Schwager pflegte zu sagen: »Nimm deine Kuh hier weg. Bring deine Kuh zurück auf die Weide!« Das Pferd sah mit seinen herunterhängenden Ohren und dem gebogenen Rükken wohl eher aus wie eine Kuh – eine Kuh mit herausstehenden Knochen. Sein Name war Rew Stood. Ich hatte es von einem Weißen gekauft. Es war ein merkwürdiges Pferd. Wenn das Rennen begann, lief es weit hinten, es war immer das letzte. Aber am Ende lag es vorn – die gleiche Distanz, die es vorher zurückgelegt hatte. Wenn es in der letzten Reihe lief, machten die Leute sich über mich lustig, aber zum Schluß haben sie nicht mehr gelacht. Es lief die langen Strecken. Sie unterteilten die Meile in Viertel, und derjenige, der an diesen Markierungen der erste war, konnte Geld gewinnen. Ich habe diese Rennen immer gewonnen.

Einmal liefen mein Pferd und ein anderes Kopf an Kopf durchs Ziel. Die Schiedsrichter wußten nicht, welches Pferd zuerst durchs Ziel gekommen war. Sie brauchten drei Stunden, um das herauszufinden. Dann entschlossen sie sich, dem anderen Mann den ersten Preis zu geben. Er kam aus einem anderen Bundesstaat und war sehr weit gereist, um hierher zu kommen. Ich gewann den zweiten Preis. Als sie uns den Scheck gaben, machten sie einen Fehler. Sie schrieben meinen Namen auf seinen Scheck – was mir ganz recht war. Minni und ich gingen in ein Restaurant und wollten gerade essen, als sie angelaufen kamen. Sie regten sich fürchterlich auf und wollten ihr Geld zurück. Ich antwortete ihnen: »Ich habe es nicht mehr!« Darüber wurden sie sehr wütend. Aber ich hatte nur Spaß gemacht und gab ihm das Geld natürlich zurück. So verdiente ich während jener Zeit mein Geld.

Mein Vater hatte Pferdemedizin – deshalb gewann ich jedes Rennen. Heutzutage setzen die Weißen ihre Pferde unter Dro-

gen, bis sie tot umfallen. Auch mein Vater hatte Rennpferde –
wir alle hatten welche. Er behandelte die Pferde, bevor er sie
laufen ließ. Aber mein Vater hat niemals auf sie gewettet. Er
hat es nur aus Freude getan, seine Pferde gewinnen zu sehen.
Mein Vater fuhr zu allen Pferderennen in dieser Gegend, aber
er ist mit ihnen niemals in einen anderen Bundesstaat gereist.
Mein Vater behandelte seine Pferde niemals, wenn Leute in
der Nähe waren. Früh am Morgen führte er sie an einen
einsamen Platz und behandelte sie dort. Du hast mich meine
Bewegungen machen sehen – das macht man auch mit den
Pferden. Man nimmt Salbei und reibt sie damit ab. Ich habe
gesehen, wie er die Medizin in die Nasenlöcher des Pferdes
pustete. Von einer Sekunde zur anderen wurde es lebendig
und war bereit zu laufen. Mein Onkel hatte ein Pferd, das
aussah, als könnte es überhaupt nicht laufen – es hatte sehr
starke Fesseln. Mein Vater behandelte das Pferd mit seiner
Medizin. Es lief los und war das schnellste im Rennen. Pferdemedizin ist sehr wirkungsvoll. Aber danach muß man mit den
Pferden auf besondere Weise umgehen. Man muß gut zu ihnen
sein, darf sie nicht mit den Zügeln schlagen oder sie zwingen –
man muß sie einfach laufen lassen. Was immer zum Pferd
gehört, darf nicht geworfen, sondern muß vorsichtig hingelegt werden. Das Pferd darf nicht mißhandelt werden – was
immer du ihm antust, so wird es dir auch ergehen.

Mein Bruder Curley hat auf den verschiedenen Viehfarmen
Pferde eingeritten. Einmal, als er versuchte, ein Pferd einzu-
reiten, riet unser Vater ihm, es nicht zu tun – nicht mit einem
Pferd, das behandelt war. Als es anfing zu bocken, wurde
Curley wütend und schlug das Pferd mit dem Zügel. Kurze
Zeit später warf das Pferd ihn ab und stürzte dann noch auf
ihn. Curley hat sich nichts gebrochen, aber es hat ihm sehr
weh getan. 1938 reiste mein Bruder vier Monate mit der Tim
McCoy Show. Er hat in der Show Pferde geritten. Sie reisten
mit dem Zug. Da Curley immer mit Pferden zu tun hatte,
entschloß sich mein Vater, ihm die Pferdemedizin zu geben.
Aber Curley war sich nicht sicher, ob er sie annehmen sollte.
Er hatte Angst vor deren Kraft – dann hat er sie doch angenommen. Danach gab er die Pferdemedizin unserem Vater
zurück, der sie für ihn aufbewahren sollte.

Als Vater starb, war Curley gerade in Montana und konnte nicht schnell genug kommen. Er erklärte den Männern, wo das Medizinbündel unseres Vaters lag. Die Männer mußten durch ein Fenster in das Haus einsteigen. Sie fanden das Bündel, hatten aber Angst, es zu öffnen, um darin nach der Pferdemedizin zu suchen. Mein Vater hatte all seine Medizin in dem Bündel aufbewahrt. Dann vergruben sie es in der Erde. So verlor Curley die Pferdemedizin. Jetzt ist ihm klar, was es bedeutet, und daß er sie hätte behalten sollen. Unser Neffe, Perry Little Coyote, kam vor einiger Zeit aus Montana, um Curley nach der Medizin zu fragen. Perry hat dort Rennpferde. Sie kamen zu mir, und wir gingen ins Pfeiltipi. Im Tipi hat Perry mich danach gefragt. Ich gab ihm die Medizin und erklärte ihm, wie man es macht.

Curley träumte neulich von unserem Vater. Im Traum versuchte er, Curley etwas über diese Medizin zu erzählen – wie er sie zurückerhalten kann. In einem anderen Traum sah Curley unseren Neffen die Bewegungen ausführen. Als Perry zum Bear Butte ging, gab ihm dort ein junger Mann Medizin, die er von einem alten Mann in Montana erhalten hatte. Auch sie haben diese Medizin, wissen aber nicht, wie man sie herstellt. Ich denke, daß es einen Weg gibt, sie zurückzuerhalten.

Pferdemedizin ist sehr stark. Eine Menge Leute haben Angst, sie zu gebrauchen. Es ist jetzt alles nicht mehr so streng, wie es vor langer Zeit gewesen ist. Sie haben Angst, daß die Kinder nicht gehorchen und sich nicht entsprechend verhalten. Wenn jemand indianische Medizin besitzt, darf er sie nicht mit ins Haus oder ins Zelt nehmen. Niemand darf in der Nähe Ball spielen oder ähnliches, egal was für Medizin es ist. Medizin kann an eine andere Person weitergegeben werden; wird sie es nicht, muß man die Medizin vergraben – dort, wo keine Leute hin und her laufen.

Unser Vater war der Vormann der Bowstring Society. Kurz vor dem Zweiten Weltkrieg wollten sie neue Häuptlinge und Vormänner wählen. Unser Vater fragte, ob einer von uns Söhnen bereit wäre, seine Position zu übernehmen. Ich hatte das Gefühl, daß ich mich nicht entsprechend verhalten könnte. Roger lehnte aus demselben Grund ab. Er trank Alkohol. Dann fragte mein Vater Curley. Und Curley antwortete ihm:

»Wenn meine Brüder es nicht können, dann kann ich es ganz bestimmt nicht!« So gab mein Vater es weiter an Pete Osage. Er wurde der Vormann der Bowstring Society. Bevor mein Vater starb, war er drei Tage krank. Wir fragten ihn: »Was ist los mit dir?« Und er erwiderte: »Es ist wahrscheinlich Grippe. Aber ich habe großen Appetit auf Hasen, könnt ihr mir einen besorgen?« Wir gingen auf die Jagd und schossen einige Hasen für ihn. Wir brachten sie zurück und häuteten sie. Vater sagte zu uns: »Legt sie in den Kühlschrank, ich esse sie morgen!« Am nächsten Tag ist er gestorben. Mein Vater mochte keine gefrorene Nahrung, er sagte immer: »Es schmeckt zu alt!«

Den ganzen Sommer über gab es Rennen in dieser Gegend. Die Rennen fanden meistens in Verbindung mit einem Markt statt, auf dem die Leute ihre landwirtschaftlichen Produkte ausstellten und verkauften. Immer waren sehr viele Menschen da, und die Lager waren sehr groß. Die indianischen Märkte in El Reno und Watonga wurden fast ausschließlich von Indianern besucht. Einige Weiße, die Rennpferde hatten, kamen auch. Am ersten Tag begannen die Pferderennen am Nachmittag, am zweiten erstreckten sie sich über den ganzen Tag. In jener Zeit reisten wir mit Planwagen. Einmal gingen wir nach Alva, das ziemlich weit entfernt ist, etwa so weit wie Enid. Bei diesen Zusammenkünften fanden noch andere Wettbewerbe, Tänze und Spiele statt. Die Männer fingen Ziegen ein, wie sie es im Rodeo machen. Sie sprangen von ihren Pferden und banden den Ziegen die Beine zusammen. Das war ein großer Spaß. In einem anderen Rennen hängten sie hinter das Pferd eine Art Schlitten, der aber nur aus einem Stück Segeltuch bestand. Ein Mann ritt auf dem Pferd, und der andere saß auf der Plane. Nach einer bestimmten Wegstrecke mußten sie wechseln, der eine sprang vom Pferd, und der andere saß auf. In den alten Tagen waren die Cheyenne sehr aktiv. Sie ritten in Rodeos, banden Ziegen und nahmen an Ringkämpfen teil. Sie machten viele verschiedene Dinge – aber nun sind sie steif wie eine Gabel. Sie können nicht mehr laufen und sie können keine Pferde mehr reiten.

Ich rang mit den Arapahos – auf den Jahrmärkten und im Civilian Conservation Corps Camp. Damals hatte die Regierung uns alle in diesen CC Camps in Cantonment untergebracht. Wir lebten in weißen Zelten, die alle in einer Reihe aufgestellt waren. Wir mußten dort arbeiten und konnten so das Geld verdienen, das wir brauchten. Während der zwanziger Jahre zerstörten die Weißen das Land. Sie brachen die Erde auf und pflanzten Weizen. Das Klima in den dreißiger Jahren wurde extrem heiß, und der Staub aus Oklahoma wehte bis an die Ostküste nach Washington. Wir Indianer pflanzten Bäume und bauten Brücken, um das Land vor der Zerstörung zu bewahren. Ich besaß einen Führerschein und fuhr die großen Lastwagen. Es gab zwei Gebäude, in denen konnten die Frauen zusammen arbeiten, Wäsche waschen, kochen – was sie so zu tun hatten.

Der Weiße Mann pflügte den Boden und pflanzte Weizen

Und damit vernichtete er unsere indianische Medizin – Medizin, die aus der Erde kommt, Medizin, die wächst. Er hat sie untergepflügt und zerstört. Jetzt gibt es diese Pflanzen nicht mehr. Früher machten die Indianer ein großes Feuer, nahmen die Medizin und rieben sie unter ihre Füße und auf ihre Beine. Dann tanzten sie in dem Feuer, bis es ausging. Sie hörten erst auf zu tanzen, als das Holz zu heißen Kohlen verbrannt war. So haben sie es gemacht. Dies war eine der Zeremonien, die uns die Regierung verboten hat.

Ein alter Mann war angeschossen worden und spuckte Blut – es floß nur so aus ihm heraus. Einer der Medizinmänner benutzte eine bestimmte Blume, die man in Sümpfen findet. Sie war weiß und ließ sich leicht pflücken. Daraus machte er seine Medizin. Er blies sie in den alten Mann hinein, und der wurde wieder gesund. Diese Blumen sehen aus wie Sonnenblumen. Sie sind aber sehr klein. Man kannst sie biegen, in Wasser kochen und einen Tee daraus machen. Den unteren Teil der großen Sonnenblume verwendeten sie auch als Medizin.

Wenn jemand Durchfall hatte, tranken sie früher den weißen Tee, den indianischen Tee. Oder sie benutzten die Rinde der Ulme, nicht die äußere rauhe Rinde, sondern eine andere

Schicht zwischen der Rinde und dem Baum. Diese Rinde ist ganz weiß, und wenn man daraus einen Tee kocht, wird das Wasser rot. Einmal riet ich Minni, die Rinde zu benutzen. Ich ging los und schnitt etwas davon für sie ab. Als ich ihr die Rinde brachte, sagte sie zu mir: »Du weißt, daß ich das nicht kauen kann, ich bin keine Ziege!« Daraufhin habe ich ihr geantwortet: »Dann mach weiter so und sei eine Gans!« – Ich wollte ihr ja helfen. – Der indianische Tee wirkt gut bei Problemen mit den Nieren, die gereinigt und ausgespült werden müssen. Wenn die Nieren nicht gut arbeiten, verursacht das Probleme.

Man geht an die Stelle, wo die Medizinpflanze zu finden ist, und fragt denjenigen, der es ihr möglich gemacht hat, dort zu wachsen, ob man diese Pflanze benutzen darf. Erst dann kann man sie pflücken. Es ist am besten, die Pflanzen abzupflücken, damit sie wieder nachwachsen können. Wenn man die Pflanzen ausreißt, sind sie für immer zerstört – sie existieren nicht mehr. Die Cheyenne haben niemals einen Baum einfach ausgerissen oder gefällt. Es gibt bestimmte Worte, um den Schöpfer zu fragen. Man muß ihm sagen, wofür man die Pflanzen benutzen will. Das ist der Cheyenne-Weg.

Hier habe ich einige getrocknete Peyote-Knollen – es ist gute Medizin. Es ist sehr starke Medizin und man muß ernsthaft damit umgehen und dabei beten. Bevor ich die Heiligen Pfeile übernahm, ging ich auch zu Peyote-Zeremonien. Es ist ein Weg, den man gehen kann – aber viele finden zurück zur Heiligen Pfeife. Einmal wurde Minni sehr krank. Wir waren damals bereits verheiratet, Wayne war aber noch nicht geboren. Minni hatte an Gewicht verloren und wollte nicht essen. Sie wollte auch nicht zu einem Arzt gehen. Ihr Vater ließ für sie eine Peyote-Zeremonie durchführen. Sie dauerte die ganze Nacht hindurch. Schon in derselben Nacht ging es Minni besser. Er gab ihr weiterhin Peyote-Tee zu trinken, und sie wurde wieder gesund. Als Wayne ungefähr sechs oder sieben Jahre alt war, erkrankte Minni erneut. Wieder verlor sie Gewicht und wollte nichts essen. Diesmal brachten wir sie ins Krankenhaus. Dort blieb sie von Ende März bis Mitte Mai. Der weiße Doktor konnte nichts finden – sie konnten ihr nicht helfen. Eines Tages lief Minni einfach weg. Indianer brachten sie am Abend nach Hause. Ihr Vater bereitete wieder den Tee für sie, und sie hielten eine Peyote-Zeremonie. Minni wurde wieder gesund. Wäre sie im Krankenhaus geblieben, hätte sie es vielleicht nicht geschafft. Aus Peyote läßt sich auch Tee zubereiten, den man bei Fieber trinken kann. Wenn man den Tee trinkt, kommen Visionen – aber man muß beten.

Ein Verwandter meiner Tochter hatte Krebs. Eine tiefe Wunde klaffte in seinem Hals. Seine Familie hielt eine Peyote-Zeremonie für ihn ab. Sie kochten Peyote-Tee und gossen ihn auf die Wunde. Es half – der Mann ist heute wieder gesund. Es gab noch jemand anderen, der hatte Magenkrebs. Er war schon sehr krank. Die Indianer hatten Angst, ihm den Tee zu geben. Denn wäre der Mann gestorben, hätten die Weißen sie dafür verantwortlich gemacht.

Vor einigen Jahren hatte mein Sohn Wayne einen Schlaganfall. Er trug seiner Frau Emma auf, Peyote-Tee zu kochen. Er trank davon und legte sich nieder. Dann kamen die Visionen. Er verstand plötzlich, wie Peyote zu uns gekommen ist – durch diese Frau –, er verstand alles. Dann sah er plötzlich dieses Wesen kommen. Es war so groß wie ein Mensch und hatte langes Haar, das ihm bis auf die Brust hing. Es sah aus, als wäre es lange nicht gewaschen worden. Dem Wesen lief die Spucke aus dem Mund und der Schleim aus der Nase. Alles klebte auf seinem Gesicht und auf seiner Brust. Das Wesen kam immer näher auf Wayne zu und sagte zu ihm, es wolle ihm schaden. Wayne hatte Angst und konnte nichts unternehmen. Er wollte es noch nicht einmal bekämpfen. Wenn Waynes Frau Emma sprach, kam das Wesen nicht näher, sondern blieb hinter ihr stehen. Die ganze Zeit über lief ein Tonband mit Peyote-Liedern, weil Wayne diesen Tee getrunken hatte. Aber das Wesen mußte irgend etwas mit dem Band gemacht haben. Es verlangsamte sich, bis es ganz aufhörte zu spielen. Emma drehte sich um, um das Tonband zu wechseln. Wayne rief ihr zu: »Paß auf, es will den Recorder runterschmeißen!« Das Tonbandgerät kam Emma vom Tisch aus entgegengeflogen. Sie konnte es gerade noch auffangen. Nach Emmas Meinung war das Wesen gekommen, um Wayne zu testen – ob sein Glaube an den indianischen Weg stark genug sei. Als Wayne anfing, über alles mögliche zu sprechen, sagte Emma zu ihm: »Bete weiter!« Gegen fünf Uhr morgens verschlechterte sich sein Zustand. Sie schickten nach mir. Ich nahm mein Medizinbündel – meine Muschel, Erde und Süßgras. Als ich Wayne behandelt hatte, ging es ihm wieder besser.

Der Schauspieler Carradine und ein Freund gingen zu einem Peyote-Treffen in Kalifornien. Sie wollten wissen, was es damit auf sich hat. Die Indianer ließen sie teilnehmen und erklärten ihnen, wenn sie erst einmal im Tipi wären, dann dürften sie es nicht mehr verlassen und müßten bis zum Morgen bleiben. Carradine verließ das Peyote-Tipi trotzdem kurz nach Mitternacht, und nun hat er eine Menge Probleme. Das haben wir gehört. Diese Weißen haben es für uns Indianer fast verdorben.

Ich sehe nicht mehr ganz so gut. Ich habe den Grauen Star, alles verschwimmt vor meinen Augen. Es ist wie Nebel. Ich hatte es schon einmal, als ich fünfzehn Jahre alt war. Ein weißer Arzt operierte meine Augen und ich konnte danach wieder klar sehen. Der Arzt muß wohl sehr gut gewesen sein. Er operierte damals sehr viele Leute in der Schule von Cantonment. Die ganze Zeit war es in Ordnung, aber nun fängt es wieder an. Ab und zu bade ich meine Augen in Salzwasser, das direkt aus der Quelle kommt. Da ist das Wasser besonders gut – an der Quelle und noch einen knappen Meter davon entfernt. Wir benutzen das Salz auch als Tafelsalz. Als meine Enkelkinder einmal am ganzen Körper kleine Wunden hatten, brachte ich sie dorthin. Wir blieben einen halben Tag lang, und ich ließ sie in dem Wasser baden und schwimmen. Sie sind wieder gesund geworden. Einmal wusch meine Frau ihre Augen mit diesem Wasser. Ich machte das gleiche. Danach konnte ich meine Augen nicht mehr öffnen, sie brannten ganz fürchterlich. Im Süden kam ein Sturm auf, und ich bekam Angst. Ich sagte zu Minni: »Du mußt mich zum Auto führen.« Ihre Augen wurden schnell besser, meine nicht. Es brauchte eine ganze Zeit, bis ich wieder richtig sehen konnte.

In dieser Gegend lebt ein kleines Tier. Es sieht fast wie ein Maulwurf aus. Wir mögen es nicht. In der alten Zeit haben wir es gejagt. Wenn man sie berührte, verursachten sie eine schlimme Hautkrankheit, ähnlich wie Krebs. Ich bin von einem dieser Tiere gebissen worden. Der weiße Arzt konnte mir nicht helfen, er gab auf. Ich fing an, eiskaltes Wasser auf meine Wunden zu gießen, und wurde wieder gesund.

Jede Familie, jede Gruppe hat eine Schwitzhütte. Manchmal wurde sie von Medizinmännern auch zum Heilen benutzt. Nachdem Sweet Medicine die zweigesichtigen Leute getötet hatte, ging er auf den Heiligen Berg und erhielt dort auch diese Zeremonie. Schwitzhütten kann man jederzeit abhalten. Sie sind sehr gut für die Gesundheit. Ich habe eine da draußen, aber ich muß sie reparieren – die Äste fallen in sich zusammen. Eine Schwitzhütte wird aus fünf Zweigen auf jeder Seite gebaut und hat zwei Öffnungen, eine weist nach Osten, die andere nach Westen. Wenn wir den Büffelschädel vor den Eingang gelegt haben, ist es niemandem mehr erlaubt, diese Linie zu überschreiten. Die Pfeife wird an den Schädel gelehnt – wir rauchen sie, wenn wir fertig sind. In der Schwitzhütte schütteln wir die Rasseln und beten. Sie bringen heiße Steine hinein. Man geht in die Hütte, um zu schwitzen – die Poren zu öffnen. Alle unsere Mädchen hier haben es sehr gern, denn man schläft gut danach. Auch einige der Jungen gehen gerne hinein. Sie hatten Schwitzhütten im Winter und sogar im Sommer.

Die Cheyenne hatten immer langes schwarzes, glänzendes Haar. Sie benutzten das Fett des Stinktiers. Sie kämmten es in ihr Haar und gebrauchten es auch als Creme für die Haut. Die Osage essen sehr gerne Stinktier. Sie brennen das Fell ab und schlachten es dann. Das Fleisch ist sehr fett, aber es ist trotzdem sehr bekömmlich.

Vor langer Zeit gab es einen Mann – sein Name war Real Bull. Er war ein sehr mächtiger Medizinmann. Er war Sioux und hatte eine Cheyenne geheiratet. Sie lebten westlich von Longdale. Wenn man zu seinem Haus kam, mußte man beten, um etwas zu essen zu bekommen. Während man aß, betete er – eine lange Zeit. Sam Chapmans Bruder hatte Arthritis und konnte nicht mehr laufen. Real Bull versuchte, ihn in dessen eigenem Hause zu heilen. Amos schlachtete zum Dank eine Kuh. Sein Bruder lag in einem Zelt. Der Medizinmann aber sagte: »Es ist zu dicht. Ich bringe ihn zu mir!« Er nahm den Kranken für vierzehn Tage mit nach Longdale. Sams Bruder wurde die Krankheit los – für den Rest seines Lebens. Wenn

Real Bull eine Behandlung durchführen wollte, zog er einen seiner Mokassins aus und warf ihn gegen die Tür. Wenn eine kleine Eule rausgeflogen kam, bedeutete dies, daß es sehr schwer werden würde. Einmal legte er sich Seile um den Hals und ließ zwei Männer von beiden Seiten daran ziehen – aber nichts passierte. Er führte es in der Stadt vor und an anderen Orten. Er gab damit an, wie es die Sioux noch heute tun. Sie haben ihre Zeremonien – aber es ist eher wie eine Show.

Real Bull wurde von seiner Frau oft alleine gelassen. Sie ritt zu anderen Lagern, um indianische Würfelspiele und ähnliches zu spielen. Sie spielte die meiste Zeit. Einmal wollte Real Bull herausfinden, wie sie zu ihm stand. Er tötete einen Hasen und ging damit hinaus zu dem Pfad, auf dem sie nach Hause geritten kam. Dort nahm er dem Hasen die Eingeweide heraus, legte sich selbst auf den Boden und verteilte sie sich auf seinem Bauch. Seine Frau kam angeritten und sah ihren Mann dort liegen – mit heraushängendem Gedärm. Laut schreiend sprang sie vom Pferd. Ich denke, daß sie ihn danach nicht mehr so oft alleine ließ.

Es gab alte Männer, die gebrochene Knochen von einer Minute zur anderen heilen konnten. Südlich von Ida lebte ein anderer Medizinmann. Er tastete die Personen nur ab – sagte aber nichts dabei. Die Medizin schickte er dann mit der Post. Er hat sehr vielen Menschen geholfen. Sie machten auch etwas, das man mit Akupunktur vergleichen könnte. Sie steckten den Leuten Gräser in die Haut und brannten sie ab. Die Grashalme hörten auf zu brennen, wenn die Glut die Haut berührte. Ich denke, das ist dieselbe Sache. Man mußte die Behandlung viermal durchführen – die meisten mußten es viermal machen.

Roy Bull hat Wayne auch viermal behandelt. Roy erbricht dabei einen Stein. Er hält ihn in den Händen, macht etwas damit, und dann verschluckt er ihn wieder – so, als ob er den Stein in seinem Körper aufbewahrt. Jede Nacht mußten sie für Roy Bull ein Essen zubereiten. Es hat Wayne zu einem Gläubigen gemacht. Es war das erste Mal, daß sie so etwas gesehen hatten.

Auch Laird Cometsevahs Großvater war Medizinmann. Ein weißer Farmer war krank geworden und schickte seinen ältesten Sohn, um den Medizinmann zu Hilfe zu holen. Der Farmer ließ ihm ausrichten, er könne später zurückkommen und sich zur Belohnung die beste Kuh aussuchen. Lairds Großvater ging, saugte einen Splitter aus der Brust des Mannes, und dieser wurde wieder gesund. Zwei Tage später kehrte Lairds Großvater mit geschärften Messern zurück – aber sie haben ihm die Kuh nicht gegeben. Auf seinem Heimweg drehte er sich um und blies den Splitter zurück in die Brust des Mannes. Dieser schickte erneut seinen Sohn. Aber Lairds Großvater wies ihn ab, da der Weiße Mann sein Wort nicht gehalten hatte. Am nächsten Tag war der Farmer tot. Als Lairds Großvater starb, blieb die Macht auf seinem Grundstück. Wann immer sie eine Schwitzhütte hatten, bemerkten sie die Macht. Aber niemand wollte sie nehmen, denn die Verantwortung, die man damit übernimmt, ist sehr hoch. So ging es eine lange Zeit. Nun denkt Laird daran, diese Macht anzunehmen – denn manche Dinge wollen in der Familie bleiben.

Vor langer Zeit gab es einen alten Mann, der sehr mächtig war. Er nahm seine Augen heraus und legte sie auf einen Baum. Von dort oben konnte er über die ganze Welt schauen und sehen, was vor sich ging. Der Weiße Mann kam zu ihm und sprach: »Bruder, das möchte ich auch lernen. Diese Kraft möchte ich auch haben!« Er fragte ihn immer wieder, bis der alte Mann ihm schließlich die Kraft gab. Nun warfen beide ihre Augen auf den Baum. Auch der Weiße Mann konnte über die ganze Welt schauen und sehen, was vor sich ging. Aber er hat es wohl übertrieben, denn man darf es nur viermal machen. Beim nächsten Mal passierte es dann – seine Augen kamen nicht mehr herunter, sie blieben auf dem Baum. Der Weiße Mann weinte, weil er den Weg nach Hause nicht mehr finden konnte. Er fing an zu kriechen. Etwas kam an ihm vorbei: »Ich bin eine Maus, die vorbeigeht!« Er bat die Maus: »Bitte, gib mir eines deiner Augen, so daß ich meinen Weg nach Hause finden kann!« Die Maus gab ihm ein Auge. Es war sehr klein und er steckte es in seine Augenhöhle hinein. Es saß weit hinten in seinem Kopf und er konnte kaum etwas damit sehen. Etwas anderes kam vorbei: »Ich bin ein Büffel!« Wieder bat der Mann: »Bitte, gib mir eines deiner Augen, damit ich sehen kann!« Der Büffel antwortete ihm: »Aber es wird zu groß für dich sein.« – »Das macht nichts«, sagte der Mann, »ich muß um sechs Uhr zu Hause sein.« So gab der Büffel ihm sein Auge. Es ragte weit aus dem Kopf des Mannes heraus. Er ging nach Hause. Seine Frau wartete schon auf ihn: »Was hast du gemacht? Wo bist du gewesen?« Er erklärte ihr, was geschehen war. Ich glaube, sie hat ihm eins mit dem Nudelholz gegeben.

So ist der Weiße Mann. Auch er kann diese Dinge lernen, aber er muß geduldig sein und alles auf die rechte Weise tun. Wenn man in der alten Zeit von jemandem etwas wollte, mußte man ihm viele Geschenke bringen – Decken, Schals, was auch immer. Der Weiße Mann will aber immer mehr. Der Cheyenne-Weg ist viermal. Will man eine heilige Geschichte hören, bringt man Geschenke. Dann erzählt die Person die Geschichte – aber nur einmal. Deshalb muß man sehr gut zuhören. Er erzählt diese Geschichte nur viermal.

In den alten Tagen machten sie etwas mit einem Messer. Es war sehr mächtig. Wenn jemand schlecht über dich sprach oder Lügen verbreitete, konntest du zu dieser Person gehen und ihm oder ihr das Messer reichen. Sie mußten dann auf der Spitze des Messers rauchen, als wäre es eine Pfeife. Wenn er oder sie meinte, es wäre richtig, was sie behaupteten, dann akzeptierten sie das Messer und rauchten. Wenn sie wußten, daß sie Lügen erzählten, lehnten sie es ab. Wenn sie das Messer rauchten, obwohl sie Lügen verbreitet hatten, schadeten sie ihrer Familie – sie töteten ihre eigene Familie. Wenn deiner Familie etwas widerfuhr, nachdem du die Pfeife akzeptiert hattest, wußten die Leute, warum es passierte. Es war sehr mächtig – nicht viele Leute haben davon gewußt.

Sie machten auch etwas, wobei man Personen in die Augen starrt und ihnen aufträgt, bestimmte Dinge zu tun. Viele Leute spielen damit herum – jene haben es nicht getan. Aber niemand wird jemals in der Lage sein, dein Denken zu verändern – das haben die Cheyenne nie gelernt. Die Menschen würden es mißbrauchen, einander schaden und versuchen, alle in dieselbe Richtung denken zu lassen.

In Busbee kam ein Mann zu mir und lud uns zum Essen ein. Er wollte, daß ich für seine Mutter bete. Ihr Mund war taub, und sie konnte nicht mehr klar sprechen. Wir sind zu ihnen rübergefahren. Ich gab ihr Medizin und betete für sie. Nach einer Weile fing sie an, sich mit meiner Frau zu unterhalten. Sie sprach wieder sehr klar. Ich erklärte ihr: »Wenn es böse Geister sind, die dich vom Reden abhalten, kann ich dir nicht helfen. Aber wenn es etwas in deinem Mund ist, dann kann ich es.«

Ein alter Mann hier in Seiling konnte Regen machen. Einmal fing das Feld eines weißen Mannes Feuer. Er fragte einen Indianer: »Habt ihr jemanden, der einen Regentanz für mich abhalten kann?« Sie schickten ihn zu White Thunder. Der Farmer brachte White Thunder Geschenke und fragte ihn. Der Himmel war blau – es war keine Wolke zu sehen. Dann begann White Thunder mit seiner Zeremonie. Und tatsächlich, eine Weile später sah man in der Entfernung eine kleine Wolke, und dann fing es an zu regnen. Es hat richtig gegossen. Diese alten Leute waren sehr mächtig. Ich habe gesehen, wie sie ihre Pfeifen rauchten und schwere Gewitter vorbeiziehen ließen.

Fast Horse, ein Sioux, kam zu einem Treffen hier in Oklahoma. Er erzählte uns, daß ein junger Crow ihm einmal gesagt habe, er solle sich an ihm festhalten, und daß sie dann zusammen geflogen wären. Sie flogen über Landschaften hinweg, bis sie zu einer Stadt kamen. Über der Stadt kreisten sie, bis der Crow entschied, es wäre Zeit, nach Hause zu fliegen. – Wenn wir wirklich etwas verlieren, können wir zu einem anderen Stamm gehen und es dort wieder lernen.

Ich fuhr bis nach Kalifornien, um Arbeit zu suchen

Minni und ich waren bereits verheiratet und hatten Wayne. Er war damals zehn Jahre alt. Ich fuhr mit meinem Freund Sam Roberts. Sam war auf indianische Art gekleidet. Er trug Zöpfe, Mokassins und um die Schultern eine Decke. Wir gingen in ein Restaurant. Die Kellnerin kam zu uns an den Tisch und fragte, was ich essen wolle. Ich bestellte. Dann sagte sie: »Und was nimmt die Dame?« Auf einer Arbeitsstelle verlangten die Leute von Sam, er solle seine Zöpfe abschneiden – aber er wollte nicht. Er sagte zu ihnen: »Nein, ich kann nicht. Meine Schwester wird mit mir böse werden!« – Er nannte meine Frau Minni seine Schwester. – Sam war zu einem Teil Cherokee, und noch ein anderer Stamm. Er war aus dem Osten und sprach nur gebrochen Englisch. Trotzdem haben wir uns die ganze Zeit gegenseitig aufgezogen und viel gelacht. In Kalifornien lernte ich einen Mexikaner kennen. Er bezahlte für alles – für unsere Unterkunft und die Mahlzeiten. Mit ihm ging ich zur Golden-Gate-Brücke und spazierte hinüber. Wir pflückten Früchte und arbeiteten auf der Werft. Aber ich verdiente nicht genügend Geld, um es nach Hause zu schicken. Meine Frau hatte zwar mit mir gehen wollen, aber mein Sohn nicht – deshalb blieben sie in Oklahoma. Ich war fast ein ganzes Jahr fort und verdiente gerade soviel Geld, um wieder nach Hause fahren zu können.

Zurück in Oklahoma fing ich an, im Gips-Steinbruch in Southard zu arbeiten. Ich war ziemlich lange dort beschäftigt – fast vier Jahre. Sie hatten einen Bus, der herumfuhr und die Arbeiter abholte. Er kam auch durch Longdale. Mit diesem Bus fuhr ich jeden Morgen zur Arbeit. Als der Bus aufhörte zu fahren, hörte ich auch auf zu arbeiten. Ich hatte keine Transportmöglichkeit mehr. Zur gleichen Zeit war ich in einen schweren Kampf mit einem der weißen Arbeiter verwickelt, den ich dabei fast erwürgte. Deshalb hörte ich auch auf.

Danach arbeitete ich für die Verwaltung von Blaine County. Wir bauten Straßen und Brücken. Damals verlor ich fast meine gesamten Zähne. Als wir dabei waren, einen Lastwagen mit langen schweren Brettern zu beladen, ließ ein weißer Arbeiter plötzlich eines der Bretter los, das mich genau unter dem Kinn traf. Bis heute weiß ich nicht, ob er es mit Absicht getan hat oder nicht. Meine Zähne waren lose und fast alle mußten gezogen werden. Der Zahnarzt erklärte mir, daß ich falsche Zähne bekommen könne. Ein Indianer hatte mir aber erzählt, daß man damit sein Essen nicht mehr richtig schmeckt, und da ich das wirklich gerne wollte, entschied ich mich, sie nicht zu nehmen. Nach einer gewissen Zeit lockerten sich auch die restlichen Zähne und mußten gezogen werden. Nun habe ich nur noch einen einzigen Zahn übrig.

Einmal hoben wir für einen Brückenpfeiler ein tiefes Loch aus. Der kleine Sohn eines Arbeiters, der zu Besuch gekommen war, fiel hinein. Es war alles Sand, purer Sand – die Wände hätten leicht über ihm einstürzen können. Die Arbeiter standen nur herum und sahen tatenlos zu. Ich sprang zu dem Jungen ins Loch hinunter und hob ihn hoch. Sie griffen den Kleinen und zogen ihn heraus. Dann halfen sie mir, da wieder rauszukommen. Der weiße Mann war sehr dankbar und sagte zu mir: »Wann immer du etwas brauchst, helfe ich dir!« Aber ich bin nie zu ihm gegangen, um etwas zu erbitten.

Der letzte Verwaltungschef kannte meine Familie. Er kam uns ab und zu besuchen. Für Blaine County arbeitete ich sehr lange Zeit. Doch bevor ich genügend Jahre für meine Zusatzrente zusammenhatte, gaben sie mir keine Arbeit mehr. Es gibt kaum noch Unterlagen über mich. Sie wurden zerstört, als sie von Cantonment zur Concho Agency umzogen. Deshalb hatte ich viele Schwierigkeiten, meine Sozialversicherung durchzubekommen. Als sie umzogen, transportierten sie alles auf Planwagen, und der Wind wehte viele der Papiere davon.

Ich arbeitete in dieser Gegend für verschiedene Farmer, auch für deutsche, die uns wirklich gut verpflegten – viermal am Tag. Sie gaben uns viel zu essen. Ein Indianer kann gar nicht soviel essen. Er wird krank davon. In unserer Sprache bezeichnen wir die Weißen als *veho*. Die Deutschen nennen wir *maheveho*, das bedeutet roter Weißer Mann, denn sie kommen mit uns Indianern besser zurecht als die anderen. Ich mochte sie immer ganz gern. Aber diese anderen – manchmal gaben sie uns eine Scheibe Weißbrot für den ganzen Tag. Einige wurden darüber sehr wütend und riefen ihnen etwas nach. Diese Art von Arbeit verrichteten alle. Davon lebten wir Indianer – von der Arbeit für die weißen Farmer. Wir fuhren das Heu ein und pflückten Baumwolle und Mais. Das war in den vierziger und fünfziger Jahren – in den Fünfzigern besaßen wir noch Pferde. Wenn wir einen der Jahrmärkte besuchen wollten, gingen mein Enkelsohn, mein Sohn und ich auf die Felder und pflückten Baumwolle oder Mais. Das machten wir ungefähr eine Woche lang und hatten dann genügend Geld beisammen, um mit der gesamten Familie dort hinzufahren. Wann immer wir etwas brauchten, gingen wir hinaus auf die Felder und arbeiteten, bis wir genug hatten, um die Rechnungen zu bezahlen. Wir machten das gern. Wir konnten draußen leben und unsere

Zelte aufschlagen. Heutzutage pflanzen die Farmer kaum noch Baumwolle. Es gibt kaum noch Felder, und wenn es welche gibt, dann setzen sie Maschinen ein. Für uns Indianer ist keine Arbeit mehr da.

Als das County ein wirtschaftliches Hilfsprogramm startete, kamen sie zu mir und fragten, ob ich bereit wäre, in der Beratungskommission mitzuarbeiten. Sie hatten nur weiße Mitarbeiter und waren der Meinung, es müßte mindestens ein Indianer dabeisein. Zuerst wollte ich nicht. Ich antwortete ihnen: »Es gibt noch viele andere Männer – geht und findet jemand anderen.« Aber Hollander, der Kreisverwaltungchef, kam immer wieder und sagte zu mir: »Ed, wir wollen dich in der Kommission. Es gibt hier keinen anderen, der so ist wie du – der nicht trinkt oder ähnliches!« So gab ich schließlich nach und ging zu ihren Treffen. Nach einer gewissen Zeit bat ich sie, mich von dieser Aufgabe zu befreien. Albert Greene aus Canton hat mich dann ersetzt. Es dauerte fünf Jahre, bis das Programm in Schwung kam.

In Canton trieben wir Handel. Es gab dort einen Friseur, dem wir Perlenstickereien verkauften. Der nahm die Arbeiten mit nach Westen und verkaufte sie dort weiter. Bei Jack Cloud erhielten wir unsere Lebensmittel auf Kredit. Wenn ich meinen Scheck für die Arbeit im County bekam, gingen wir und bezahlten. Ich hatte jeden Monat noch einen weiteren Scheck – für verpachtetes Land. Früher machte man sehr viel mehr Kreditgeschäfte als heute. Aber wir bezahlten immer pünktlich. Wir hatten damit niemals Probleme.

Hier in Longdale gab es einen Mann, zu dem gingen die Indianer, wenn sie Geld brauchten. Aber er wollte Sicherheiten – einen Wagen, Pferde oder Land. Sein Name war Burt Camel. Er hatte viel Geld, und ihm gehörte ebensoviel Land in dieser Gegend. Später fand der Leiter der Cheyenne-Arapaho Agency alles über ihn heraus, denn was die Regierung den Indianern gab, war auf eine bestimmte Weise markiert. Sie fanden all diese Sachen auf seinem Hof, und er mußte sie der Agency in Cantonment zurückgeben. Der Agency-Leiter war sehr böse, als er es herausfand.

Ich hatte auch Ärger mit diesem Mann. Ich besaß Zugpferde und einen Wagen und arbeitete dort, wo sie den Canton--

Staudamm bauten. Sie brauchten mich, um Erde zu transportieren. Ich ließ Camel ausrichten, daß ich in der kommenden Woche bezahlen würde – da ich Arbeit hatte. Aber ständig fragte er meinen Bruder: »Wann zahlst du mir endlich mein Geld zurück?« Er antwortete ihm: »Es ist mein Bruder, der dir Geld schuldet. Kannst du uns nicht auseinanderhalten? Er wird es dir zurückzahlen!« Eines Tages ging ich in den Laden hier in Longdale. Mein Bruder war durch Zufall auch dort, ebenso Burt Camel. Wieder fing Camel an, meinen Bruder zu beleidigen und nach dem Geld zu fragen. Der antwortete ihm: »Mein Bruder steht draußen, geh und sprich mit ihm!« Camel hörte nicht auf, meinen Bruder zu beschimpfen, und so fingen die beiden an zu kämpfen. Mein Bruder muß ihn hart am Auge getroffen haben, denn das Blut spritzte nur so heraus. Ich stand gerade an der Tür, als mein Bruder herausgelaufen kam – Camel dicht hinter ihm. Als Camel mich sah, rief er laut: »Das ist er!« Und dann griff er mich an, fing an, mit mir zu kämpfen. Ich versetzte ihm einen Schlag auf das andere Auge. Blut floß heraus, sein ganzes Gesicht war voll davon. Er lief los, griff sich einen eisernen Wagenheber und warf ihn nach mir. Ich sprang schnell zur Seite, und das Ding flog an mir vorbei. Dann stieg Camel in seinen Wagen und raste davon – dabei wischte er sich das Gesicht ab. Später, als mein Bruder und ich durch die Stadt gingen, fuhr Camel vorbei. Wir dachten, daß er uns verfolgen würde – aber er fuhr weiter. Er hatte wohl in der ganzen Stadt herumerzählt: »Ich habe die Red Hat Jungs zusammengeschlagen. Ich habe es ihnen richtig gezeigt!« Wir liefen in ein Nachbarhaus. Er kam wieder zurück und rief uns zu, wir sollten uns ja nicht mehr blicken lassen. Nach einer Weile fuhr er erneut vorbei, diesmal saß sein Sohn neben ihm. Ich dachte, sie hätten vor, uns zum Kampf herauszufordern, aber sie taten es nicht – sie fuhren nur vorbei. Später wollte er mir die Hand schütteln. Er kam dreimal zurück – aber ich wollte es nicht. Als der Direktor der Agency von diesem Vorfall hörte, war er wütend auf uns.

Es gab noch einen anderen, sein Name war Ed Baker. Er war aus Watonga. Auch er besaß sehr viel Land – Indianerland. Er wußte, wie man es macht. Er gab den Indianern Geld oder Waren, und dann sagte er zu ihnen: »Nun habt ihr das ganze

Geld verbraucht. Euer Land gehört jetzt mir!« Er wußte genau, daß die Indianer nicht rechnen konnten. Sie kauften immer weiter ein, bis sie alles Geld ausgegeben hatten. Auf diese Weise betrog er die Indianer um ihr Land. Dagegen unternahm der Direktor allerdings nichts – es interessierte ihn nicht weiter.

In jenen frühen Tagen versuchten noch viele Indianer, Akkerbau und Viehzucht zu betreiben. Wären sie von den Banken wie die Weißen behandelt worden – hätte man ihnen Kredite gegeben –, dann hätten sie es vielleicht schaffen können. Aber so hatten die Indianer keine Chance. Nach dem Krieg begann mein Bruder Curley, Rinder zu züchten. Er fing mit zehn Rindern an und machte dreißig daraus. Nahe bei Cantonement wollte er indianisches Land pachten, aber es gab einen Weißen, der auch daran interessiert war. Das Büro, das die Pachtverträge aushandelte, hatte zwar die Anweisung, Indianern den Vorzug zu geben, aber der Weiße steckte ihnen einhundert Dollar zu, und so verpachteten sie das Land an ihn.

Ungefähr zur selben Zeit verkaufte ich mein Land. Ich mußte meinem Sohn und seiner Familie helfen. Wayne hatte sehr früh geheiratet. Er und seine Frau waren achtzehn oder neunzehn Jahre alt, als die ersten Kinder geboren wurden. Sie waren noch sehr jung und gingen viel aus. Wenn man arbeitet, muß man angeben, wieviele Kinder man hat. Ich setzte meine Enkelkinder auf die Liste, Bill, Luther und Marylin. Es entsprach zwar nicht ganz der Wahrheit, aber die Kinder lebten ja tatsächlich mit uns.

Mir gehören noch neun Morgen des Landes meiner Großmutter Pawnee Woman. Sie hinterließ ihre einhundertsechzig Morgen meinem Vater, dessen Bruder und deren beiden Schwestern. Als mein Vater starb, vererbte er uns sein Land. Nun gibt es ungefähr dreißig Erben, einige leben in Kalifornien und einige in Montana. Eine Ölfirma bot mir einen Bonus von 1 500 Dollar pro Morgen an, wenn ich sie auf dem Land meiner Großmutter nach Öl bohren ließe. Das ist sehr viel Geld. Wenn sie dort Öl finden, bekommen wir noch mehr. Vor einigen Jahren unterschrieben wir einige Papiere und bekamen Geld dafür. Bis heute haben sie aber noch keine Bohrung vorgenommen. Diesmal mußten wir dreißig Tage auf das Geld warten – so sollte es nicht sein. Ich traue den Leuten in der Agency nicht. Einmal schickten sie einen Scheck über 1 500 Dollar nach Kalifornien. Ich nehme an, daß es da eine Stadt gibt, die auch Longdale heißt. Viele Male fuhren wir nach Concho, um nach dem Geld zu fragen. Aber jedesmal, wenn ich dort im Büro nachfragte, schüttelte der Mann nur den Kopf und sagte: »Kein Geld. Der Scheck ist noch nicht angekommen!« Aber ich vermute, daß sie das Geld auf ihre Bank legen und die Zinsen kassieren.

Zweimal habe ich von Öl geträumt – es ist schon etwas länger her. Im ersten Traum sah ich meine Tante, Vaters Schwester, auf unserem Land. Sie zeigte auf den Boden und sagte etwas über Öl. Und dann kam es herausgeschossen, viel Öl – überall. Um unser Land herum haben sie schon danach gebohrt und sind auch fündig geworden. Sie könnten also auch auf unserem Land etwas finden. Jedesmal, wenn ich im Tipi bin, bete ich, daß etwas geschieht, was uns hilft. Ich habe es auch heute morgen getan. Als ich aus dem Tipi trat, kam Wayne auf mich zu und sagte: »Ich mußte nach Concho fahren und meine Öl- und Gaspachtverträge unterschreiben.«

Wayne hatte noch nicht mit der Schule angefangen, als wir alle aufhörten, in den CC Camps zu arbeiten. Mein Vater zog in die Stadt nach Seiling. Wir zogen hier raus, eine Meile außerhalb von Longdale. Nahe bei den Eisenbahnschienen kann man noch immer das Fundament des alten Hauses sehen. Da das Land noch nicht zwischen Minni und ihren Schwestern aufgeteilt war, hätten die anderen Erben unser Haus beanspruchen können. Deshalb zogen wir dort wieder weg und mußten sogar das Haus niederreißen.

Damals lebten wir alle noch in Zelten

Wayne hatte ein kleines Holzhaus, das aus einem Zimmer bestand. Darin haben wir alle gelebt – in diesem kleinen Raum und in einem Zelt. Wayne und Emma (Little Woman) heirateten 1948. Wir kauften ein Haus mit drei Schlafzimmern und ließen es hierher auf die Nordseite des Grundstücks transportieren – weit hinten in den Schwarzeichenwald. Zu der Zeit wurde Longdale von einem Tornado getroffen. In jener Nacht dachten wir, ein Güterzug würde vorbeifahren, denn genauso hören sich Tornados an, bevor sie aufschlagen. Am nächsten Morgen hörten wir, daß ein Tornado von der anderen Seite gekommen war. Wir hatten ihn nicht bemerkt. Er zerstörte die ganze südliche Seite der Stadt. Longdale war damals viel größer. Es gab ein Hotel, eine Bank, zwei Cafés und einen Laden für Saatgut. Nachdem der Tornado zugeschlagen hatte, bauten sie es nicht mehr auf. Die Straße, die zu unserem Haus führte, war nur eine Wagenspur. Wir lebten dort draußen bis 1955, dann zogen wir in die Stadt. Als wir in Longdale wohnten, waren wir die ersten, die einen Fernseher hatten.

Im Rahmen des Relokalisierungs-Programms gingen Wayne, Emma, Bill, Luther, Marylin und Eva im Herbst 1956 nach St Louis. Edwards wurde dort geboren. Mein Sohn arbeitete am Fließband. Er baute Autos – Chevrolets. Sie lebten in einem zwölfgeschossigen Gebäude, und es hat ihnen nicht gefallen. Meine Frau und ich fuhren los, um sie wieder nach Hause zu holen. Es war sehr kalt, und wir trugen mehrere Jacken übereinander. Es war eine lange Fahrt, bis wir endlich in St. Louis aussteigen konnten. Wir standen herum und warteten, daß sie uns abholten. Es war ein sehr großer Bahnhof mit vielen Bahnsteigen. Sie mußten lange suchen, bis sie uns endlich herumstehen sahen. Anfang Juni des nächsten Jahres kamen sie wieder zurück nach Oklahoma. Die Cheyenne sagen: »Wenn du einmal in der Nähe der Pfeile warst, wirst du immer wieder zurückkehren.« Und so ist es auch. Während des Umsiedlungsprogramms gingen viele unserer Leute fort, um in den großen Städten zu leben, aber sie kehrten alle wieder zurück.

Als Minnis Vater starb, wurde das Land zwischen seinen Töchtern und Söhnen aufgeteilt. Damals, 1961, zogen wir hierher auf das Land, auf dem wir noch heute leben. Es ist das Land von Minnis Mutter, die lange vor ihm gestorben war – ungefähr 1945. Damals nahmen sie ihr das Land weg und bauten den Stausee. Minnis Mutter starb, bevor sie das Geld dafür in den Händen hielt. Später kaufte Minnis Vater für das Geld dieses Land. Es war gänzlich mit Bäumen und Sträuchern zugewachsen, die ganzen einhundertsechzig Morgen.

Jeden Tag kam ich mit meinen Enkelsöhnen Bill und Luther hier raus, und wir rodeten mit unseren Äxten einen Platz für unser Haus. Wir waren damals die einzigen, die hier draußen in den Schwarzeichenwäldern lebten. Auch die Straße mußten wir selbst anlegen, die Kreisverwaltung hat sie nicht für uns ausgebaut. Wir schafften alles alleine mit unseren Äxten. Eigentlich schuldet uns Blaine County etwas für die Benutzung der Straße.

Hinter dem alten weißen Holzhaus ist noch ein Fundament zu sehen. Als es 1962 gegossen wurde, war es nicht breit genug und wurde deshalb von der zuständigen Behörde nicht abgenommen. Daraufhin stellte die Agency in Concho das ganze Projekt ein. Wir bekamen Geld zurück, und kauften das große weiße Holzhaus und das kleine dort auf dem Hügel. Damals kostete das kleine Haus nur fünfzehn Dollar – aber fünfzig Dollar zahlten wir für den Transport, und zwanzig Dollar, um das Haus auf den Hügel zu stellen. Früher benutzten sie viel besseres Holz als heute. Im Haus auf dem Hügel bewahrte ich meine Sachen auf. Im weißen Holzhaus lebte die gesamte Familie. Es wurde sehr eng, als all die anderen Enkelkinder geboren waren.

Als wir hier rauszogen, erntete ich wirklich große Wassermelonen. Ich sage immer: »Sie wachsen am besten auf frischer Erde.« Ich hatte drei Wassermelonenfelder angelegt, aber auf dem Sandhügel wuchsen sie nicht besonders gut. Vor unserem Haus gab es eine kleine Veranda, auf die legte ich die größten Melonen, damit die Leute sie sehen konnten. In der Nähe lebte ein Farmer, ein sehr freundlicher Mann, der auch gute Wassermelonen hatte. Einmal pflückten wir auf seinem Feld Baumwolle. Einer meiner kleinen Enkelsöhne, die dabei waren, fing plötzlich fürchterlich an zu weinen. Ich hatte keine Ahnung, was mit ihm los war. Mein Sohn sagte zu mir: »Er wird sich beruhigen. Er wird schon aufhören zu heulen!« Aber er hörte nicht auf, sondern schrie immer weiter. Der Farmer kam zu uns rüber: »Ich möchte doch zu gerne wissen, warum der Kleine so schreit? Vielleicht hat er die Wassermelonen gesehen? Komm mit, du kannst welche haben und mitnehmen – auch die Maiskolben!« Sofort hörte mein Enkelsohn auf zu weinen. Wir Erwachsenen hatten die Melonen gar nicht gese-

hen. Der Mann besaß auch einen Laden hier in Longdale – aber
es gibt ihn jetzt nicht mehr. Ich frage mich, was aus ihm
geworden ist.

Ich hatte immer Hunde – viele Hunde. Als meine Enkelkinder klein waren, gingen wir mit ihnen auf die Jagd. Von den
Hunden liefen zwei in die eine Richtung, drei in die andere.
Wenn wir sie bellen hörten, wußten wir genau, an welchem
Baum sie standen, denn wir kannten die Umgebung. Am
frühen Morgen, bei Sonnenaufgang, fing einer von ihnen an
zu bellen. Meine Enkelsöhne und ich standen auf und gingen
los. Auch des Nachts stöberten die Hunde herum und machten
einen Hasen aus. Manchmal waren wir zu müde, um loszuge-
hen. Aber die Hunde blieben dort bei dem Baum und bellten.
Sie bellten zwei oder drei Stunden lang – warteten darauf, daß
jemand kam. Zu guter Letzt stand ich dann auf, griff mir die
Laterne und ging los. Oft fuhren wir mit meinem Pick-up
nach Osten. Ich kannte dort alle Farmer. Wir gingen zu ihnen,
und ich fragte sie: »Kann mein Enkelsohn da draußen jagen?«
Und sie antworteten: »Klar, Ed, laß ihn da draußen jagen und
alle Hasen schießen!« Ihre Kinder erlauben uns heute noch,
dort zu jagen – da ich ihre Väter gut kannte.

Mein Enkel Bill besaß damals einen sehr großen Hund, der
eines Tages in einen Kampf mit zwei Coyoten geriet. Bill

konnte nichts tun, um sie vom Kämpfen abzuhalten. Ich nahm einfach mein Gewehr und schoß auf alle drei. Aus der Entfernung konnten wir sie nicht auseinanderhalten. Sie waren zu sehr ineinander verschlungen. Ich wußte, daß ich sie nicht töten würde, denn ich hatte eine besondere Munition geladen.

Die weißen Farmer versuchen, die Coyoten zu töten. Aber wir Cheyenne brauchen sie für unsere Zeremonien – deshalb wird es auch immer Coyoten geben. Die Weißen können sie nicht ausrotten. Das gilt auch für die anderen Tiere. In der Neuen Lebenshütte benötigen wir den roten Kopf des Spechts. Er repräsentiert die Sonne. Der Specht steht auf der Liste der gefährdeten Tierarten, aber jedes Jahr finden wir einen der Vögel für unsere Zeremonie. Wir nehmen niemals mehr, als wir brauchen.

Die Cheyenne hatten immer Hunde. Es sind zuverlässige Tiere, und wir schätzen sie sehr. Wenn den Kindern ein Milchzahn ausfällt, wickeln wir den Zahn in etwas Brot und verfüttern ihn an einen der Hunde. So bekommen die Kinder neue gerade Zähne. Heulen die Coyoten, und die Hunde bellen nicht zurück, so ist das ein gutes Zeichen. Bellen die Hunde, dann wollen sie nicht, daß die schlechten Dinge geschehen, von denen die Coyoten erzählen. Heulen die Hunde mit den Coyoten, dann steht es wirklich schlimm. Die Cheyenne essen im täglichen Leben keine Hunde – nur in der Neuen Lebenshütte und in der Kriegergesellschaft. In der Zeremonie töten sie einen Welpen auf traditionelle Weise. Sie erwürgen ihn mit einem Seil. Dann wird er gehäutet und in einem Topf gekocht. Jeder im Lager bekommt ein Stück davon zu essen. Mein Sohn Wayne hat niemals Hund gegessen. Die Priester sagten zu ihm: »Wenn du es nicht essen kannst – nimm ein Stück Darm, füll das Fleisch hinein und bring es einer alten Frau.« Den Alten hat es wirklich gut geschmeckt.

Wir gingen oft auf die Jagd. Ich kannte die Spuren der verschiedenen Tiere. Meinen Enkelsöhnen machte ich Pfeil und Bogen. Ich brachte ihnen bei, wie man Auto fährt, Hasen schießt – alles –, auch wie man tanzt: »Bewegt eure Arme, eure Beine und nun wackelt mit dem Hintern!« Einmal sah mein Enkel Bill eine große Eule auf dem Ast eines Baumes sitzen. Er rief mir zu: »Großvater, Großvater, eine Eule!« Ich drehte mich um und schleuderte aus der Drehung meine Axt. Damit nagelte ich die Eule an den Baum. Eulen können dich verhexen. Bevor ich warf, sah ich gar nicht hin. Das hat meinen Enkel sehr beeindruckt. In der alten Zeit war dieses Land mit einem dichten Gewirr von Büschen und Bäumen bewachsen. Die Cheyenne jagten auf diesem Land. Jetzt erstattet die Regierung den Farmern die Hälfte ihrer Kosten, wenn sie das Land roden und Weizen anbauen. Die Cheyenne gehen auch heute noch mit Pfeil und Bogen auf die Jagd. Da die meisten von uns keine Lizenz haben, jagen wir nicht gern mit Gewehren. Sie sind zu laut. Manchmal schießen wir ein Reh am hellen Tag. Dann verstecken wir es im Gestrüpp und fahren nachts zurück an die Stelle, um es zu holen.

Alle weißen Farmer dieser Gegend kannten uns. Wenn eine ihrer Kühe sich ein Bein brach oder etwas mit ihr geschah, kamen sie zu uns raus und fragten, ob wir sie schlachten wollten. So hatten wir immer viel Fleisch. Der Farmer Bedwell brachte uns eine Kuh auf seinem Lastwagen. Es war gutes Fleisch. Einmal war es einer seiner preisgekrönten Bullen, der sich ein Bein gebrochen hatte. Heutzutage kommen sie nicht mehr. Ich nehme an, daß sie die Tiere selbst schlachten. Einmal fuhren wir auf einer dieser Straßen, die alle nur eine Spur hatten. Vor uns spazierte eine Kuh den Weg entlang. Mein Sohn fragte mich: »Was soll ich jetzt machen?« Ich antwortete ihm: »Fahr einfach weiter!« Wir rammten die Kuh mit dem Auto. Sie fiel zu Boden, und unser Wagen kam zum Stillstand. Früher fuhren wir nicht sehr schnell. Das Tier stand langsam auf. Aber es hatte sich wohl ein Bein gebrochen. Ich stieg aus und kurbelte das Auto wieder an. Wayne legte den Gang ein, und wir fuhren weiter. Ich sagte zu ihm: »Beeil dich. Die Weißen könnten hinter uns her sein!« Später hörten wir, daß in der Nähe lebende Indianer die Kuh geschlachtet und aufgegessen hatten.

Die Weißen wollten uns testen, ob wir Milchprodukte vertragen könnten – welche Wirkung sie auf uns hätten. Über einen langen Zeitraum hatten wir genug zu essen, Milch, Käse – alles mögliche. Aber wir essen diese Dinge nicht gern. Die alten Leute erzählten uns, daß die wilden Tiere, die sie aßen, keine Krankheiten mit sich trugen. Aus diesem Grund seien sie auch immer gesund gewesen. Einige Leute glauben an die Zucht. Sie züchten spezielle Hühner und andere Tiere. Aber mir ist das egal. Ich hatte keine speziellen Pferde. Auch nicht, als ich sie die Rennen laufen ließ. Ich glaube nicht daran.

Ich halte Hühner, die besonders gut fliegen können. Aber sie sind bösartig. Eines brütet gerade in der alten Waschmaschine dort drüben. Ich wollte mir die Küken ansehen und ging hinüber. Als ich noch ein ganzes Stück entfernt war, griff das Huhn mich an und hackte mir in die Stirn. Als wir die Hühner kauften, entkamen einige und flogen in die Stadt. Man kann sie dort noch herumfliegen sehen, denn sie sind sehr schwer einzufangen. Oftmals drangen in den Hühnerstall Schlangen ein, lange ungiftige Baumschlangen. Ich ergriff sie am Schwanzende und schwenkte sie in großem Bogen hin und her. Dann warf ich sie in ein Blechfaß und legte einen Deckel drauf, damit sie nicht wegkonnten. Ich verkaufte sie an einen Jungen, der sie dann weiter verkaufte – an Orte, wo sie Tiere zeigen. Einmal entwischte mir eine der Schlangen. Die, die wir gestern nacht dort einfingen, erinnert mich an sie.

Als die ersten Autos herauskamen, kaufte ich Chevys und Fords. Ich bin dabei geblieben. Einmal hatten wir eine Panne mit dem Auto, und ich mußte eine lange Strecke zu Fuß zur Tankstelle gehen. Der Mann dort fragte mich, wie weit ich es zurück zum Auto hätte. Ich erwiderte ihm: »Ungefähr drei oder vier Meilen!« Daraufhin bot er mir an, mich auf seinem Motorrad dort hinzubringen. Es war das erste Mal, daß ich auf einem Motorrad mitfuhr. Er fuhr sehr schnell und überholte ein Auto nach dem anderen. Er legte sich flach in die Kurven und ich konnte mit der Hand den Boden berühren. Das jagte mir einen ordentlichen Schrecken ein. Danach stieg ich nie wieder auf ein Motorrad – zu gefährlich. Es hat mir Angst gemacht. Mit seinem Auto muß man sorgsam umgehen. Meine Enkelkinder tun es nicht und haben deshalb ständig Probleme mit ihnen. Sie fahren damit nur durch die Gegend. Als meine Enkel etwas älter waren, fuhr ich sie hin und wieder an den Wochenenden nach Canton ins Kino. Ich blieb draußen sitzen und wartete auf sie. Nach einer Weile schauten meine Enkel nach, wo ich war. Sie warteten den richtigen Moment ab und schlichen sich zum Trinken davon.

Wir machten mit ihnen auch Ausflüge zu den nachgestellten Inszenierungen des Medicine-Lodge-Vertrages. Sie haben solche Aufführungen auch auf Custers Schlachtfeld, Weiße, Indianer, Kavallerie – alles so wie damals. Sie geben eine sehr gute Show. Sie spielen nach, was sich 1867 ereignete, als die verschiedenen Stämme – Kiowa, Comanche, Cheyenne und Arapaho – den Medicine-Lodge-Vertrag unterzeichneten. Das sind die Stämme, die auch heute an den Aufführungen beteiligt sind. In der Show stellen sie es so dar, als hätten die Cheyenne zusammen mit allen anderen unterschrieben – aber das taten sie nicht. Damals wollten die Cheyenne den Vertrag nicht unterschreiben und ritten mit den Papieren auf und davon. Sie unterzeichneten erst viel später, als sie nach Washington reisten.

Wir sahen uns auch die Passionsspiele in den Wichita Mountains an. Sie spielen das Leben von Jesus, seinen Tod und seine Auferstehung. Es waren viele Leute da, um es sich anzusehen.

In der alten Zeit gab es hier weder Straßen noch Zäune. Auf unseren Pferden ritten wir querfeldein, wo wir wollten. Vor dreißig Jahren gab es kaum ein Auto – nur Pferde und Planwagen. Wir hatten auch keine Probleme mit der Hitze. Wir ritten mit unseren Pferden zum Wasser – dreimal am Tag. Flüsse durchzogen das Land. Heute gibt es sie nicht mehr. Damals lebten sehr viele Indianer in dieser Gegend – nun sind nur noch wenige übriggeblieben. Als sie 1919 in Longdale die Schule bauten, gab es dort nur wenige Weiße – es waren nur wenige Häuser. Das Land gehörte uns Cheyenne.

Die Weißen in dieser Gegend waren voller Vorurteile

Wir mußten die ganze Zeit gegen sie kämpfen. Noch in den sechziger Jahren fuhren die Weißen in ihren Pick-ups vorbei und schossen auf uns Indianer. Mein Sohn nahm es mit fünfzehn von ihnen auf – drüben in der Bar. Danach hatte sein Hemd keine Ärmel mehr, und das Gesicht war geschwollen. Er hatte blaue Augen. Sie waren so geschwollen, daß er eines davon aufhalten mußte, als er nach Hause fuhr. Ein anderes Mal, in einer anderen Stadt, stand ein Weißer an der Tür eines

Ladens und sagte zu Wayne: »Ich werde da weitermachen, wo Custer aufgehört hat!« Wayne wurde so wütend, daß er einen großen Stein aufnahm und ihn auf den Weißen schleuderte.

Ich gehe sehr gerne auf Flohmärkte, um Werkzeug zu kaufen, besonders zu dem in Fairwiev. Ich kenne viele der alten Leute. Sie kommen auf mich zu und nennen mich »Ed«. Sie fragen, wie es mir geht. Wir stehen dann eine Weile herum und unterhalten uns. Manchmal fahren wir mit der Familie nach Enid oder in eine andere größere Stadt. Wenn wir zum Essen in ein Restaurant gehen, starren die Leute uns an. Wir Indianer haben immer hier gelebt – aber uns starren sie an. Einige Weiße sind sehr freundlich. Sie sprechen mit uns, selbst wenn sie uns nicht kennen. Aber viele Weiße wissen noch nicht einmal, daß wir existieren. Sie sind an Filme gewöhnt. Sie denken, die Indianer wären genauso wild, wie sie immer dargestellt werden. Es ist schon seltsam für uns Indianer, mit dem Weißen Mann zusammen zu sein. Karl Schlesier war der erste, der mit uns in unserem Haus gegessen hat – 1972.

Es gibt in dieser Gegend keine schwarzen Familien. Sie haben sie vertrieben. Eines Morgens, als Bill in die Stadt fuhr, stand im Laden ein Schwarzer. Er arbeitete auf den Ölfeldern. Er fragte die Weißen, ob sie ihn nach Fairview fahren könnten. Er würde ihnen zehn Dollar bezahlen. Niemand wollte ihn fahren. Da sagte Bill zu ihm: »Gib mir deine zehn Dollar. Ich bringe dich nach Fairview!« Der farbige Mann konnte kaum glauben, daß mein Enkel ihn fahren wollte. Auf diese Weise gehen die Weißen sogar mit ihren eigenen Leuten um.

Als Wayne mit seiner Frau in St. Louis lebte, bekam sie Edwards und lag im Krankenhaus. Emma hatte zwei weiße Bettnachbarinnen – eine davon war sehr frech. Sie fing an zu erzählen, was sie über Indianer wußte. Sie sagte etwas über Hunde – daß Indianer Hunde essen. Emma wurde wütend und antwortete: »Als wir Indianer den ersten Weißen Mann sahen, rauchte er eine Zigarre. Wir dachten, er würde seine eigene Scheiße essen. Das dachten die Indianer über den Weißen Mann!« Darauf sagte die Frau nichts mehr. Sie war wohl verärgert.

Als meine Enkelkinder Pat und Pam geboren wurden, bekamen Wayne und Emma Lungenentzündung. Als es für die

Zwillinge Zeit war, nach Hause zu kommen, wollte die Sozialbehörde sie uns wegnehmen. Ich war darüber sehr böse. Bill und ich fuhren zum Krankenhaus, um die Säuglinge abzuholen, die sie uns auch herausgaben. Es war sehr kalt und es schneite. In Eagle City – es besteht aus wenigen Häusern – hatten wir ein Problem mit unserem Auto. Wir schafften es gerade noch nach Hause. Wir hatten nichts, worin wir die Säuglinge hätten hineinlegen können – außer zwei Bananenkisten. Am Anfang verwechselte ich ihre Namen, deshalb schrieben wir sie auf die Kartons. Später kam eine Frau von der Sozialbehörde zu uns. Sie brachte etwas Geld, einhundert Dollar. Damit sollten wir Milch kaufen, und alles andere, was sie brauchte. Ich wollte das Geld nicht. Ich hatte Angst, daß sie später wiederkämen, um die Kinder abzuholen. Ich sagte zu ihr: »Ich will dein Geld nicht. Nimm es wieder mit!« Aber sie ließ es auf dem Tisch liegen. Wir haben es dann genommen und gekauft, was sie brauchten. Die Behörde hat die Zwillinge nicht geholt.

Jim Medicine Elk – er hatte die Pfeile vor mir – bekam Besuch von John Moore, einem Anthropologieprofessor aus Oklahoma City. Medicine Elk sagte zu ihm: »Komm, wir gehen etwas essen, laß uns in die Stadt gehen!« Er lebte nordöstlich an der Hauptstraße. John ging die Hauptstraße hinunter, aber Jim führte ihn auf eine der hinteren Straßen. Sie gingen in ein Restaurant. Es hatte einen separaten Eingang für Indianer – den Hintereingang. Die beiden setzten sich in eine der dunklen Nischen, die noch frei waren. Nachdem die Kellnerin jeden Gast im Restaurant bedient hatte, rauchte sie genüßlich eine Zigarette. Dann kam sie zu Jim und John, um die Bestellung aufzunehmen. John Moore fragte Jim: »Macht dich das nicht wütend?« Medicine Elk antwortete ihm: »Man gewöhnt sich daran!«

Wenn man in die Stadt fährt, nimmt man an, daß man seine Geschäfte ohne Probleme erledigen kann. Das gilt nicht für uns Indianer. Die Händler verkaufen Waren an die Indianer. Und wenn die ihre Raten nicht mehr zahlen können, kommen die Händler und holen die Waren wieder ab. So verlieren die Indianer nicht nur ihr Geld, sondern auch noch das, was sie gekauft hatten. Die Weißen versuchen, uns zu betrügen, wo und wann immer sie können. Auf diese Art verloren wir einen Lastwagen. Aber einer der Händler mußte sein Geschäft schließen und durfte auch kein neues mehr eröffnen. Sie nahmen ihm seine Lizenz weg. Der Händler hatte uns eine Autoversicherung verkauft, für die wir sechshundert Dollar bezahlen sollten. Als wir mit einem Rechtsanwalt darüber sprachen, sagte der zu uns: »Damit hättet ihr fünf oder sechs Autos versichern können!« Wir gingen zum Verbraucherschutz, und die schickten jemanden, um den Fall untersuchen zu lassen. Zuletzt haben sie sein Geschäft geschlossen.

Ein katholischer Priester kam zu Besuch und fragte, ob und wie er den Cheyenne helfen könne. Wir erzählten ihm von unseren Problemen. Am Anfang waren da nur Wayne, seine Frau und ich, die sich um diese Dinge kümmerten. Wir fuhren zu dem Priester und sprachen über alles – viele Nächte lang. Dann hatten wir endlich eine Idee – eine Rechtsberatung für Indianer, für diejenigen, die die ganze Zeit betrogen wurden. Keiner der Häuptlinge oder Vormänner hat an diesem Projekt mitgearbeitet. Wir mußten alles alleine organisieren. Wir gaben viel Geld aus für Benzin, aber niemand hat uns jemals etwas erstattet.

Auch an der Schule in Longdale sind die Weißen voller Vorurteile. Wenn ein Direktor gut zu unseren Kindern ist, entlassen sie ihn. Sie werfen ihm vor, daß er Indianer bevorzugt und weiße Kinder vernachlässigt. Sie haben bereits zwei oder drei Lehrer gefeuert. 1973 forderten die Cheyenne für ihre Kinder eine eigene Schule, in der sie die eigene Kultur unterrichten konnten. Die Cheyenne nahmen ihre Kinder aus den öffentlichen Schulen und gründeten die Cheyenne Freedom School in Hammon, im nordwestlichen Oklahoma. Ungefähr fünfzig Kinder gingen dorthin – von der ersten Klasse aufwärts bis hin zur High School. Die weißen Schulen verloren ihre finanziellen Zuschüsse für die indianischen Kinder und wollten sie deshalb wieder zurückhaben. Daraus entstanden viele Probleme. Weiße fingen an, Indianer zu verprügeln. Auch AIM, das American Indian Movement, engagierte sich. Sie kamen alle zu mir und fragten mich um Rat. Schließlich erhielten wir die Erlaubnis, die Schule in Hammon weiterzuführen – aber jetzt existiert sie nicht mehr.

Auch die Missionare kamen – zuerst die Mennoniten. Sie versprachen uns viele Dinge. Sie wollten dem Stamm einige Millionen Dollar geben, falls wir ihrer Kirche beitreten würden. Sie sprachen sogar von einer Cheyenne-Reservation in Oklahoma, die sie für uns einrichten wollten. Eine Weile gingen wir in ihre Kirche. Es war die einzige Zeit, in der unsere Rechnungen immer bezahlt waren – Licht, Gas, Lebensmittel, einfach alles. Die Mennoniten waren auch diejenigen, die uns über Canton und den See hin und her flogen. Sie fragten meine Frau Minni, ob sie ihre Hunde von oben sehen wolle. Dann flogen sie mit Minni über ihr Land, damit sie ihre Hunde sehen konnte. Mein Sohn flog auch einmal mit. Als das Flugzeug bereits in der Luft war, ging plötzlich eine Tür auf. Der Pilot lehnte sich über Wayne hinweg und schloß sie wieder. Dann fing es noch stark an zu regnen – die Scheibenwischer gingen nur so hin und her. Wayne bekam Angst, daß sie es nicht schaffen würden. Mein Enkel Stephe und ich sind die einzigen, die nicht geflogen sind.

Einmal, oben in Montana, flogen sie die Nördlichen Cheyenne in der Luft herum. Die Indianer bestiegen das Flugzeug. Dann sagten die Weißen zu ihnen: »Bitte die Sitzgurte festschnallen!« Die Indianer redeten miteinander in ihrer Muttersprache. Dann griffen sie die Gurte und zogen sie fest. Ihre Gesichter färbten sich grün und blau. Einer von ihnen wäre fast ohnmächtig geworden. Ich nehme an, die Indianer wußten nicht, was ein Sicherheitsgurt war. Als sie den Film *Little Big Man* drehten, erklärte der Regisseur den Indianern: »Ihr reitet von dort über den Hügel.« Als die Indianer über den Hügel galoppierten, hatten sie alle Sonnenbrillen auf. Der Regisseur ist fast verrückt geworden: »Nehmt die Sonnenbrillen ab. Damals gab es noch keine!« Eine andere Szene. Alle sollten wieder über den Hügel reiten. Der Regisseur erklärte ihnen: »Sie werden auf euch schießen. Jeder, der vom Pferd fällt, bekommt fünfzig Dollar.« Wieder ritten die Indianer über den Hügel. Ein Schuß wurde gefeuert – und alle Indianer fielen gleichzeitig von ihren Pferden.

Es waren ungefähr dreihundert Cheyenne, die zur Mennoniten-Kirche gingen. Eines Tages sprachen sie zu uns: »Euer Prophet Sweet Medicine ist ein falscher Prophet. Ihr müßt von ihm ablassen!« Den Cheyenne gefiel das nicht, und am nächsten Sonntag war nur noch eine Handvoll Leute übrig. In den darauffolgenden Wochen ging keiner mehr hin. Die Mennoniten zogen dann bald ab. Sie hatten auch verlangt, einen ihrer Priester zum Ehrenhäuptling zu machen – was uns ebensowenig gefiel. Wayne und Emma ließen sich von den Mennoniten taufen. Meine Enkel Bill, Luther und Marylin gingen ebenfalls in ihre Kirche. Zuerst brachten die Mennoniten ihnen verschiedene Dinge bei. Sie mußten beten, dann wurden sie getauft. Emma ist gleich zweimal getauft worden – einmal von den Mennoniten und einmal von den Mormonen. Ich nahm an ihren Gottesdiensten nicht teil und wurde auch nie getauft. Sister Betty spricht nicht mit uns über diese Dinge – bis jetzt nicht. Sie leistet keine Missionsarbeit. Aber sie wäre glücklich, wenn sich einige Cheyenne ihrem katholischen Glauben anschließen könnten. Die gebildeten Indianer, die den Weg des Weißen Mannes gehen, denken zwar, sie wären weiß – doch der Weiße Mann sieht sie immer nur als Indianer. Als ich Pfeilhüter wurde, kamen die Mennoniten hier raus und fragten, welchen Weg mein Sohn und seine Familie nun gehen würden. Wayne erklärte ihnen, daß der Stamm mich zum Pfeilhüter bestimmt hätte und daß er daran nichts ändern könne. Die Mennoniten erwiderten: »Ihr geht den traditionellen Weg, und wir werden euch von der Mitgliedsliste streichen!«

Wir sprechen und verstehen die Dinge unterschiedlich – Cheyenne und Arapaho

Wir sind zwei unterschiedliche Stämme. Wir Cheyenne haben unsere Zeremonien, und die Arapaho haben die ihren. Die Regierung machte einen Fehler, als sie die beiden Stämme zusammenfügte. Wir wollen uns wieder trennen. Dann kann jeder Stamm für sich wachsen und stark werden. Die Arapaho waren niemals unsere Verbündeten oder Freunde. Vor sehr langer Zeit – vor vielen Generationen – folgten die Arapaho den Cheyenne auf ihren Wanderungen. Unsere Späher beobachteten sie und entschlossen sich, die Leute zu fragen, wo sie herkamen und wo sie hinwollten. Die Kriegergesellschaften umringten die Arapaho, und die Männer unterhielten sich in Zeichensprache. Als die Späher die Leute betrachteten, sahen sie, daß diese Menschen kränklich und verlaust waren. Sie achteten nicht auf sich. Unsere Krieger hatten vor, diese Leute zu töten, aber dann überlegten sie sich: »Das können wir nicht machen. Lassen wir die Häuptlinge entscheiden!« Es waren überwiegend Kinder und alte Leute. Die anderen waren von einem Stamm getötet worden, der Menschen aß. Die Arapaho hatten keine Zelte, keine Pferde und keine Nahrung. Die Häuptlinge beschlossen, sie zu verschonen. Sie erlaubten den Arapaho, in einiger Entfernung zu campieren, aber niemals in unmittelbarer Nähe der Cheyenne. Sie gaben ihnen Tipis, Bekleidung und etwas zu essen. Es begann den Arapaho bald besser zu gehen.

Sie brachten ihre Pfeife in unser Pfeiltipi. Die Arapaho wollten mit uns Cheyenne sein – unter unserem Gesetz. Sie wollten sich uns anpassen, in ihrer Kleidung und in ihren Mustern. Die Cheyenne warnten die Arapaho, daß sie damit an das Cheyenne-Gesetz gebunden wären. Sollten sie die Pfeife jemals aus dem Pfeiltipi nehmen, würde sich ihr Stamm nicht mehr vermehren, und sie würden nicht mehr einheiraten. So kamen die Arapaho zu den Cheyenne. Einige Zeit später, als sie sich wieder selbst versorgen konnten, wollten die Arapaho die Pfeife wieder aus dem Pfeiltipi nehmen. Die Cheyenne rieten ihnen, es nicht zu tun, aber die Arapaho taten es trotzdem. Viermal sagten sie ihnen, daß sie ihre Pfeife wieder ins Tipi zurückbringen sollten. Dann ließen die Arapaho die Pfeife fallen, und sie zerbrach. Von da an waren die Cheyenne wieder allein.

Ein Arapaho-Häuptling kam Anfang der siebziger Jahre zu unserem Haus. Er fragte mich, ob die Arapaho ihre Pfeife wieder ins Pfeiltipi bringen könnten. Er kannte das Gesetz, daß sie immer ein kleiner Stamm bleiben werden. Ich erwiderte ihm: »Als die Arapaho ihre Pfeife im Tipi hatten, brannte dort ein Feuer, um sie warm zu halten. Sie sahen, daß sie bei guter Gesundheit waren. Sie hatten zu essen und einen Platz zum Leben. Nun sind sie auf sich selbst gestellt. Ich weiß nicht, wie ich das Feuer für die Arapaho anzünden soll. Sie haben ihre Pfeife aus dem Tipi genommen, und nun sind sie für sich. Ich habe Mitleid mit ihnen, ich bete für sie!«

Arapaho waren Späher für die weiße Armee in Washita und Sand Creek. Mit den Weißen hatten sie wesentlich früher Kontakt als wir Cheyenne. Sie hatten alle möglichen Krankheiten. Als wir noch sehr jung waren, sagten die alten Leute zu uns: »Haltet euch von den Arapaho fern. Sie sind krank, und ihr könntet euch anstecken!« Aber heutzutage ist es anders – die jungen Leute halten sich nicht mehr daran.

Verbündete der Cheyenne waren die Sioux. Sie waren im Pfeiltipi repräsentiert. Zu einem bestimmten Zeitpunkt nahmen auch die Sioux heraus, was sie im Tipi hatten. Aber das war nicht gleichbedeutend mit Krieg – sie wollten nur für sich sein. Mit den Suhtai und Omissis verhält es sich anders. Sie stehen noch immer unter dem Gesetz der Cheyenne. Suhtai und Omissis leben auf der Lame Deer Reservation im Norden – in Montana. Tsistsistas und Suhtai trafen sich vor langer Zeit. Sie bekämpften einander, bis sie eines Tages feststellten, daß sie sich gegenseitig verstehen konnten. Sie sprachen dieselbe Sprache. So wurden sie zu Verbündeten im Pfeiltipi – und zu Zeiten lagerten sie zusammen. Bis zum heutigen Tag erinnern wir uns an die Suhtai und an die Omissis in unseren Zeremonien.

Die Suhtai haben Isiwun, den Heiligen Hut. Erect Horns ist ihr Prophet. Erect Horns lernte die heiligen Dinge auf einem Berg – genau wie unser Prophet Sweet Medicine. Aber der Hüter der Pfeile ist höher als der Hüter des Huts. So erzählt man es sich. Die Regierung nennt uns die Südlichen Cheyenne und die im Norden die Nördlichen Cheyenne. Aber wir sind Tsistsistas, und sie sind Suhtai. Die im Norden bekommen mehr Hilfe. Sie erhalten Geld für dies und für jenes. Wir hier in Oklahoma bekommen nichts. Sie informieren uns über nichts – sie vergessen uns. Die einzige Zeit, in der sie in den Süden kommen, ist die während der Zeremonien. Aber sie sollten öfter nach Oklahoma kommen – rauchen – und die Dinge richtig machen.

Storm schrieb das Buch *Seven Arrows*, das 1976 herauskam. Storm steht auf der Stammesliste der Nördlichen Cheyenne. Angeblich ist *Seven Arrows* ein Buch über die Cheyenne, aber das ist es nicht. Man hat mir den Inhalt erzählt – was über unsere Art zu leben und unsere Zeremonien geschrieben steht. Es ist falsch und hat nichts mit uns zu tun. Die Geschichte ist ausgedacht, und wir wollen nicht, daß unser Name darin genannt wird. Wir wollen, daß die Leute das wissen. Wir luden Vertreter von Harper & Row zusammen mit den Nördlichen Cheyenne ein, in das Pfeiltipi zu kommen. Aber sie kamen nicht. Statt dessen fand ein großes Treffen in Lame Deer, Montana, statt. Das war im Juli 1974. Sie wollten, daß ich komme, aber ich fuhr nicht hin. Ich hatte Angst, sie könnten mich austricksen. Wir entsandten drei Männer zur Beobachtung. Die Nördlichen Cheyenne trafen mit Harper & Row eine Vereinbarung. Nach dem Treffen schrieb der Verlag, daß beide Stämme das Buch akzeptiert hätten – die Nördlichen Cheyenne und die Südlichen Cheyenne. Aber das ist nicht wahr. Die Nördlichen Cheyenne kamen nach Oklahoma und boten mir 9000 Dollar an, wenn ich ein Papier unterschreibe. Aber ich wies sie ab. Ich wollte das Geld nicht. Im Januar 1977 beauftragten wir den Native American Rights Fund, den Verlag zu verklagen – aber die Einspruchsfrist war bereits abgelaufen. Die Leute sind alle nur hinter dem Geld her – genau wie der Weiße Mann, der dem großen Dollar nachjagt. Mit uns Indianern ist das anders. Es ist genug, wenn wir die Sonne auf- und untergehen sehen. Wir beten, daß wir für unsere Familien jeden Tag genug zu essen haben. Das ist alles, was wir wollen.

Die Nördlichen Cheyenne haben Rechtsanwälte. Sie versuchen, einen Teil der Black Hills für die Cheyenne einzuklagen. Es kommt auf die im Norden an, ob wir hier etwas davon erhalten oder nicht. Auf der Pine Ridge Reservation gibt es noch viele Leute, die Cheyenne sprechen. Den Cheyenne auf der Cheyenne River Reservation steht auch etwas zu. Sie haben bei den Sioux eingeheiratet. Die Sioux wissen, wie mächtig die Cheyenne sind. Wenn ich auf den Heiligen Berg ging, kamen sie und brachten mir zu essen – richtig große Braten. Sie taten es, obwohl sie mich nicht persönlich kannten. Die Sioux wissen, daß die Black Hills den Cheyenne gehören. Ich weiß die Wahrheit über die Black Hills. Sie gehören den Cheyenne und nicht den Sioux. Wir waren die ersten dort. Die alten Leute erklärten uns: »Wir waren zuerst hier. Als Sweet Medicine zum Berg ging, war dort kein anderer Stamm!« Wir nennen die Sioux *hoochoma*, die Eingeladenen. Wir luden sie ein, auf dieses Land zu kommen. Sie waren viele, als sie aus dem Osten in die Black Hills zogen. Alles, was die Weißen aus den Bergen fördern, Kohle und Öl, gehört uns. So sprachen die alten Leute. Die Cheyenne haben die Black Hills nie aufgegeben – es ist noch immer unser Land.

Mit dem Land hier in Oklahoma fühlen wir uns nicht auf dieselbe Weise verbunden – es ist nicht unser ursprüngliches Land. Es ist das gleiche bei den Tieren, wenn ihr Nest in Gefahr ist, versuchen sie, den Feind wegzulocken. Das taten auch die Cheyenne. Sie wollten ihr Land nicht gefährden. Deshalb führten sie ihre Gegner in eine andere Richtung. Eine alte Sioux-Frau sagte uns, daß die Cheyenne mutiger wären als die Sioux. Im Norden sagen sie alle: »Leg dich nie mit einem Cheyenne an. Sie sind hart im Nehmen. Sie trinken das Zeug mit den gekreuzten Knochen drauf!« Auch die Sioux lernten von den Cheyenne, als sich die beiden Stämme trafen. Die Sioux lernten von ihnen zu jagen – selbst die zeremoniellen Dinge. Ein Mann, der eine Weile bei den Sioux gelebt hatte, erzählte uns, daß er die Sioux nie über die Black Hills hat sprechen hören, wie es die Cheyenne tun. Viele Dinge sind nicht bekannt, und andere ziehen daraus ihren Vorteil.

Ich ging zum Heiligen Berg, als ich die Pfeile erhielt

Ich fuhr mit meiner ganzen Familie. Ich hatte einen Lehrer, der mich bemalte. Ich fastete im Pfeiltipi, zusammen mit einem anderen Mann, der einen Eid für die Pfeilzeremonie geleistet hatte. Die anderen gingen weiter hinauf auf den Berg. Selbst die Sioux kamen und sagten: »Wir wollen mit dir fasten!« Sie blieben im Tal, aber sie wollten weder Essen noch Getränke. Ein paar Nördliche Cheyenne und Father Powell fasteten mit uns auf dem Berg. Unsere Mädchen Mainoma und Marylin sahen, wie Father Powell herunterkam und Wasser aus dem Bach trank. Sie fragten uns erstaunt: »Der weiße Mann, der mit Großvater auf dem Berg fastet, warum kommt er herunter und trinkt aus dem Bach?« Die Mädchen waren früh wach. Sie liefen schon herum, wenn die Sonne aufging – dabei haben sie ihn beobachtet. Kurz nachdem ich mit den Nördlichen Cheyenne und Father Powell auf dem Berg war, hatte ich einen Autounfall. Ich wollte die Pfeile wieder zurückgeben.

Bevor wir zum Bear Butte fuhren, waren wir für einige Tage in Lame Deer, Montana. Dort lernten wir einen Medizinmann der Arikara kennen. Er erzählte uns, daß es nördlich vom Bear Butte, an der Grenze nach North Dakota, einen Berg gibt, auf dem sich ein Geist aufhält, der herunterkommen möchte. Der Medizinmann sagte uns verschiedene Ereignisse voraus. Unter anderem, daß wir einen Unfall haben würden und daß unser Haus von einem Blitz getroffen würde. Er sagte uns sogar, daß wir nahe am Wasser wohnten. Er erzählte uns alles mögliche. Und tatsächlich – als wir zu Hause ankamen, war Waynes Haus von einem Blitz getroffen worden. Den Unfall hatten wir schon in Nebraska. Wir waren alle ohne Geld, zusammen hatten wir noch zwanzig Dollar. So sagten wir uns: »Laßt uns dafür Benzin kaufen, dann sehen wir, wie weit wir kommen!« Bis wir die Tankstelle erreichten, weinte mein Enkel Stephe ununterbrochen. Bill kam zu uns rüber und holte seinen kleinen Bruder zu sich ins Auto. Dort hörte Stephe sofort auf zu schreien. Kurz danach geschah der Unfall. Waynes Wagen hatte einen Totalschaden. Wir alle waren verletzt. Ich brach mir denselben Arm gleich zweimal – am Handgelenk und am Ellenbogen. Sie brachten uns verletzt ins Krankenhaus. Der andere Fahrer hatte getrunken. Er war aber versichert – und so erhielten wir gleich vor Ort etwas Geld. Unser ganzes Gepäck luden wir auf Bills Auto. Wegen des Übergewichts mußten wir neue Stoßdämpfer kaufen und einbauen.

Es gab ein kleines Mädchen, das hatte den Unfall beobachtet. Als die Eltern sie nach Hause brachten, weinte sie. Deshalb kamen sie mit der Kleinen ins Krankenhaus, um ihr zu zeigen, daß wir in Ordnung waren. Die Leute fragten uns, ob wir gegessen hätten. Wir antworteten ihnen: »Nein!« Sie luden uns ein, in ihr Haus zu kommen, und sagten zu unseren Mädchen, daß sie braten und kochen könnten, soviel sie wollten. Wir hatten eine große Mahlzeit. Die Stadt brachte uns für eine Nacht in einem Hotel unter. Sie hatten einen Not-Etat, mit dem sie es bezahlten. Vielleicht war es vorausbestimmt. Vorher waren wir pleite, und nun hatten wir Geld. Am nächsten Tag ging es weiter nach Oklahoma. Mich brachten sie für einige Tage nach Okeene ins Krankenhaus.

Dort traf ich das erste Mal mit Karl Schlesier zusammen. Er war von Wichita aus nach Longdale gekommen, um mich zu besuchen. Er wollte uns Cheyenne seine Hilfe anbieten. Sie brachten Karl mit ins Krankenhaus. Als ich die Pfeile zurückgeben wollte, riet mir Karl, noch damit zu warten. Im Krankenhaus erzählte er mir von seinem Traum. Im Traum sah er einen Mann mit einer besonderen Gesichtsbemalung. Es war ganz ausgeschlossen, daß ein Weißer von dieser Bemalung etwas hätte wissen können. Ich sprach darüber mit den Zeremonialmännern. Wir entschlossen uns, Karl mit auf den Heiligen Berg zu nehmen.

Im Juli 1972 fuhren wir mit vier oder fünf vollen Wagen los. Auf dem Berg adoptierten wir Karl und seine Familie. Wir gaben ihnen Cheyenne-Namen. Meine Frau bot Karl zwei Namen an – die ihrer beiden Urgroßväter. Wenn du von jemandem den Namen erhältst, hast du etwas mit dieser Person zu tun. Karl wählte den Namen von Little Bear. Es regnete sehr viel. Wir saßen im Pfeiltipi und plötzlich sahen wir den Büffel. Er stand seitlich des Tipis und graste. – Aber durch die Tipiwand kann man nicht hindurchsehen. – Ich wertete dies als starkes Zeichen, daß Bear Butte durch die traditionellen Mächte als heiliger Ort beschützt wird.

Wir gingen für vier Tage auf den Berg. Ich bemalte mich so wie Motseyoef, den ich in meinem Traum gesehen hatte. In der Nacht, als ich schlief, sah ich meinen Vater. Ich sah den Morgenstern am Himmel. Von dort kam mein Vater in einem Licht herunter. Er saß dann mit einem anderen Mann auf dem Boden. Ein Hund war bei ihnen, ein schwarzer Hund. Ich weinte, als ich meinen Vater wiedersah. Wer der andere Mann war, weiß ich nicht. Dann konnte ich sie sehen, die Menschen, die um den Berg herumstehen. In zehn oder mehr Reihen stehen sie dort – Tsistsistas – die vergangenen Generationen. Karl kannte niemanden. Aber ich erkannte meinen Vater und andere Verwandte – alle waren sie da. Es gibt einen inneren und einen äußeren Zirkel. Die Geister der Tsistsistas bleiben beim Bear Butte, in Oklahoma, oder sie reisen frei im Raum. Die Geister sind in allem – in den Wolken, im Regen und in den Tornados. Auf dem Berg erhielten wir die Idee für unsere Organisation – die Southern Cheyenne Research and Human Development Association.

Ich wollte immer, daß unsere Cheyenne-Tradition gestärkt wird. Daß die Lebensumstände sich für unser Volk verbessern. Und daß unsere jungen Leute sich stärker in den Zeremonien und Kriegergesellschaften engagieren. Die jungen Leute sind vom rechten Weg abgekommen. Sie sind rastlos. Wir sprachen mit Karl darüber. Wir wollten ein Programm, das unsere Lebensweise stärken und unserem Volk durch Forschung und Studien helfen würde. Wir benötigten Hilfe für die Zeremonien und Zusammenkünfte. Es war eine große Last, all diese Dinge ins Leben zu rufen. Die Cheyenne konstituierten sich als Körperschaft, und jetzt haben wir eine eigene Verfassung und wählen unsere eigenen Vertreter. Unsere Organisation stellte Anträge zur Unterstützung des Stammes. Wir bekamen auch etwas Geld. Wir haben sehr viel bewegt – auf Stammesebene, in Universitäten und Berufsschulen. All das hat geholfen, unsere Zeremonien zu stärken.

Als Karl zu uns kam, vermuteten die Cheyenne, er wolle die Pfeile kaufen. Danach sagten sie: »Er kommt nur, um unsere Zeremonien zu studieren!« Die Menschen trauten ihm nicht. Sie dachten, es gäbe einen verdeckten Grund. Die Zeremonien hat Karl nie studiert. Er hat auch nie etwas gefragt. Karl wollte uns helfen. Er hat viel für uns getan. Die Leute werden es noch verstehen. Sie werden es herausfinden. Wenn ich versuchte, es ihnen zu erklären, sie würden es nicht begreifen – wie immer ich es auch sagte. Seit einige von ihnen es verstehen, kommen sie auch und versuchen zu helfen.

Jetzt sind viel mehr junge Leute involviert. Sie treten den Kriegergesellschaften bei, und darin unterstützen wir sie. Die Teilnahme an den Zeremonien vergrößerte sich, und wir benötigten mehr Platz. Jetzt leisten die jungen Leute einen Schwur, wenn jemand in ihrer Familie krank ist. Sie wissen, daß es hilft. Viele Leute trinken. Sie haben eine Menge Probleme. Diese können überwunden werden. Es gibt noch immer Dinge, an denen wir uns orientieren können. Es muß auf Cheyenne-Weise geschehen. Wenn man versucht, alles richtig zu machen, wird es gelingen. Es liegt an jedem selber, dies für sich zu entscheiden und den Weg zu gehen – er muß gut sein. Wir haben noch immer unser indianisches Leben. Jedes Jahr schaffen wir es, unsere Zeremonien durchzuführen. Ich bin sehr froh über unsere Association. Ohne sie hätten wir nichts ausrichten können. Das war die Zeit, in der die Cheyenne wieder mehr Anerkennung erhielten. 1974 reiste ich nach Norden, nach Lincoln, Nebraska. Die Regierung wollte von den verschiedenen Stämmen Aussagen über die Black Hills. Sie wollten jemanden, der darüber aussagte, daß die Cheyenne dort waren.

Es ist sehr gut, was wir haben. Aber immer noch verstehen einige Leute es nicht. Sie denken, ich bekäme Geld durch dieses Pfeiltipi – und ich behielte es für mich. Es ist gut, was wir versuchen zu tun. Als sie mich wählten, sagten die Pfeilmänner zu mir: »Du mußt ein gutes Leben führen. Die Leute werden trotzdem über dich reden!« Zu Zeiten in der Vergangenheit waren die Menschen glücklich. Es kommt und geht. Wenn sie harte Zeiten durchlebten, geschah etwas, das das Leben leichter machte – so auch jetzt. Lebensmittel sind teuer, Benzin und anderes kaum noch zu bezahlen. Es gibt reiche Leute. Sie haben Geld. Die Armen haben Schwierigkeiten, genügend zu essen zu bekommen. So ist es auch früher schon gewesen.

Als Sweet Medicine zu den Menschen kam, herrschte Hungersnot. Wenn alte Leute kleine Kinder sehen, möchten sie, daß sie zu ihnen kommen und mit ihnen sind. Die Alten sagen zu den Kleinen: »Komm her Enkeltochter, komm her Enkelsohn!« Sweet Medicine sah die Menschen hungern. Sie waren für ihn wie Enkelkinder. Er hatte Mitleid mit ihnen. Er sagte zu einem der Männer: »Geh dort hinüber. Nimm die Knochen und lege sie auf einen Haufen!« Es waren Büffelknochen. Dann ging er und rief die Leute zusammen: »Kommt her und holt euch das Fleisch!« Die Menschen hatten genügend zu essen. Sie waren glücklich. So ist es auch heute – wie damals, als Sweet Medicine kam. Als sich etwas Gutes über die Schwierigkeiten legte, die die Leute durchlitten. Sweet Medicine lebte eine lange Zeit mit uns. In den Zeremonien erinnern wir uns an sein Alter. Wir erinnern uns daran, wie er die Menschen speiste, als sie hungerten. Und daran, wie die Pflanzen wuchsen und Nahrung geschaffen wurde. Ich denke, etwas Gutes ist jetzt hier. So wie es früher schon geschehen ist. Die Association wurde gegründet, um die Menschen zu schützen. Nicht nur die Cheyenne – auch einige andere.

Bei allen Zusammenkünften sollte die Southern Cheyenne Research and Human Developement Association erwähnt werden. Auch die Weißen sollen wissen, was wir Cheyenne haben. Wenn die Agency in Concho einmal nicht mehr funktioniert, dann könnte die Association weitermachen und die Belange des Stammes regeln. In der Agency gibt es zuviele Streitigkeiten, bevor die Dinge erledigt werden. Kämen alle Häuptlinge und Vormänner zu den Zusammenkünften der Association und würden zusammenarbeiten, dann könnte alles den richtigen Weg gehen.

Die Cheyenne und die Arapaho hatten eine große Versammlung in der Agency. Es kam sehr viel Gutes dabei heraus. Alle dachten, es wäre sehr gut. Ich war der letzte, der gesprochen hat. Und es war gut. Später sagten sie: »Nein, das können wir so nicht machen!« Sie richteten sich nicht nach den Entscheidungen der Leute. Seither gehe ich dort nicht mehr hin. Zur Zeit hält die Agency wieder das Geld aus der Verpachtung von Öl und Stammesland zurück – aber die Menschen haben Hunger. Die Angestellten der Agency essen dreimal am Tag. Ihnen ist es egal. Aber die Regierung sollte uns helfen. Sie muß uns helfen, solange das Gras wächst, das Wasser fließt, der Mond sich zeigt und die Sonne scheint. Das ist, was in unseren Verträgen steht. Wir brauchen dringend dieses Geld. Wir sind dankbar für das wenige, was wir haben. Immer wieder droht uns die Regierung, Dinge abzuschaffen, nur um den Menschen Angst einzujagen. Die Indianer könnten das auch mit den Weißen tun und sagen, sie hätten uns um unser Land betrogen. Wir könnten ihnen auch Angst machen. Aber sie werden auch diesmal nicht damit durchkommen – wegen des Heiligen Pfeiltipis. Die Regierung kontrolliert eine ganze Menge, aber nicht alle Cheyenne. Und es gibt viele in den Städten.

Es gibt zwei Wege, die man gehen kann. Einige Indianer haben Schwierigkeiten – sie können den Unterschied nicht sehen. Der eine Weg ist der Whisky des Weißen Mannes. Der Weiße Mann weiß, wie man diesen Weg geht. Indianer wissen es nicht. Sie trinken die ganze Zeit – nicht wenig, sondern viel. Dann gibt es den anderen Weg, die Medizin – der Indianer hat seine Medizin. Der Weiße Mann kam zum Tipi – und es war gut, daß sie Frieden machten. Beide machten Frieden, die Friedenspfeife und die Bibel. Wenn sie nach einem Krieg Frieden schließen, dann sollte auch Frieden sein. Aber sie fangen woanders einen neuen Krieg an. Das ist Mord, und das ist nicht gut. Sie verletzen die Menschen durch ihre Herzen. Das sollten sie nicht tun. Es ist schlecht und wird auf sie zurückfallen. Sie haben eine Verfassung, aber sie halten sich nicht daran. Sie ignorieren sie, wann immer sie wollen.

In der alten Zeit sprachen nur die alten Leute – wenn sie um die fünfzig oder sechzig Jahre alt waren. Zu den jungen Männern sagten sie: »Du bist noch nicht reif!« Genau wie eine Melone, noch nicht reif genug. Es gab einen alten Häuptling. Er war bereits tot. Ein junger Mann ging zu ihm und stellte ihm verschiedene Fragen. Der alte Mann kam aus seinem Grab und erwiderte: »Du bist zu jung. Du bist noch nicht reif genug. Du mußt noch warten!« Heutzutage verhält es sich genauso. Darum gibt es so viele Kriege, und darum geht alles schief. Sie sind zu jung. Sie wissen noch nichts. Nur die Alten können sprechen.

Im Krieg oder wenn die Cheyenne einen Feind in der Entfernung sahen, ritten sie hinüber und versuchten, ihn zu berühren – nicht ihn zu töten. Motseyoef lehrte die Cheyenne, niemanden umzubringen. Alle sollten friedlich miteinander leben. Selbst der Weiße Mann sollte nicht getötet werden. Im Kampf band sich ein Dog Soldier an einem Pfahl fest und bekämpfte den Feind, bis seine eigenen Leute entkommen waren. Er blieb dort und gab sein Leben – oder ein anderer müßte ihn losschneiden. Er würde sich niemals selbst befreien. Es gab noch einen Weg, jemanden zu besiegen, ohne ihn zu töten. Der Mann, der als erster einen Feind berührte und ohne Schaden wieder davonritt, kämpfte ehrenhaft. So sind wir – und das sollten die Leute wissen.

Gott, der Vater, schickte Jesus auf die Erde. Das gleiche geschah mit Motseyoef. Er kam, um einen Weg für die Indianer zu bereiten. Alles, was Motseyoef uns weissagte, ist eingetroffen. Und noch immer zeigt er uns den Weg. Die katholischen Schwestern, die über mich in ihrer Zeitung schrieben, machten eines nicht deutlich – ihre Religion ist nicht viel anders als unsere. Man kann sie vergleichen. Auch die Katholiken haben ihre Bewegungen und sie wollen Frauen nicht dabeihaben. Wenn wir unsere Zeremonien durchführen, dürfen auch keine Frauen anwesend sein. Niemand sollte sich gegen unsere indianische Religion aussprechen, auch nicht die Arapaho. Niemand sollte sich gegen unser Heiliges Tipi wenden.

Ich weiß alles über dieses Tipi. Die Pfeile sind sehr stark. Da ist sehr viel Macht. Die Pfeile sind starke Medizin, wie manche sagen. Einige Leute wollen, daß ich sie gegen Personen einsetze, die gegen die Pfeile arbeiten. Ich könnte es tun, aber ich will es nicht. Ich kann mich nicht gegen das wenden, was da drinnen ist. Es ist nicht der Pfeilhüter – es ist Motseyoef, der eine Person finden läßt, was er oder sie sucht. Manchmal auch außerhalb des Tipis. Über einen langen Zeitraum hat die Wahrheit gesiegt – nun weiß niemand mehr so recht. Lügen haben sich über den wahren Weg gelegt und halten ihn nieder. Die Cheyenne reden über Zusammenarbeit und darüber, wie wir aus dieser Situation herauskommen könnten, aber weiter geht es nicht. Wenn sie nichts unternehmen, werden Wahrheit und Ehrlichkeit abnehmen und schwinden.

Alles, was dem Heiligen Pfeiltipi gegeben wird und von Herzen kommt, erhält den Segen. Was in Anwesenheit der Pfeile gesagt wird und den Segen erhält, ist für diese Dinge ein sicherer Weg, sich zu erfüllen. Es ist das Gesetz Motseyoefs. Es sind die Pfeile selbst – nicht ich –, die für dieses Tipi sorgen. Ich gehe jeden Tag hinein und bete. Vor nicht allzulanger Zeit wurde es nicht getan – nun geschieht es wieder. Was immer ich sage – diese Worte –, so wird es sich entwickeln. Alles kommt durch das Heilige Tipi. Vielleicht nicht unmittelbar – aber Motseyoef weiß alles und hört zu. Der Cheyenne-Weg ist langsam – es braucht Zeit. Geschähe es sofort, könnten die Weißen mißtrauisch werden. Sie würden noch intensiver versuchen, uns und diese Macht zu zerstören. Im Tipi muß man bestimmte Worte sprechen. Einige von uns verstehen diese Worte nicht mehr. Alle reden heute zuviel Englisch. Sie verstehen ihre eigene Sprache nicht. Wenn man diese Worte nicht mehr sprechen kann, gibt es keine Möglichkeit, es weiterzuführen. Dann ist es verloren.

Der alte Cheyenne-Weg ist, zu sagen: »Laß es gut sein!« Deshalb unternehmen die Cheyenne nichts gegen das, was ihnen widerfährt. In der alten Zeit, wenn der Sohn eines Mannes getötet wurde, zündete der Vater seine Pfeife an und rauchte. Die Mächte würden sich der Sache annehmen. Was auch immer dir jemand antat, er bekam es zurück – vielleicht sogar noch schlimmer. Deshalb sorgen die Cheyenne sich um nichts. Das Tipi trägt Sorge dafür.

Ich will nicht, daß die Weißen mit Sand Creek davonkommen

John Moore möchte, daß ich zu seinen Studenten spreche. Sie arbeiten mit uns am Sand-Creek-Projekt. Wir fordern das Land zurück und eine finanzielle Entschädigung. Ich weiß nicht, wie ich es den Studenten erzählen soll. Immer, wenn ich daran denke, was damals während des Massakers geschah, überwältigt es mich. Ich werde sehr traurig und kann nicht weitersprechen. Die Weißen haben Unrecht getan. Sie müssen uns entschädigen für das, was sie taten. Wir wollen das Land. Es gehört den Cheyenne – es ist uns bestimmt. Das ganze hohe Land, bis nach Denver, durch die Stadt hindurch – Cheyenne-Land – und noch weiter, bis hin zu den Rocky Mountains.

In der Nähe von Denver gibt es einen Berg, es ist der höchste in den Rocky Mountains. Ich kenne seinen Namen, Pike's Peak. Man kann mit dem Auto bis zum Gipfel hinauffahren. Morgens, wenn die Sonne scheint, kann man die Wagen in Serpentinen den Berg hochfahren sehen. Im Winter ist es dafür zu kalt. Dort, auf Pike's Peak, bewahren die Weißen eine Menge Sachen auf, die Munition von Custer, seine Gewehre – alles, was er im Krieg gegen die Indianer mit sich führte. Er brachte viele Menschen um. 1868, am Washita

River, zerstörte Custer ein großes Cheyenne-Lager und tötete viele Menschen. 1864 tat Chivington das gleiche am Sand Creek. Beide töteten viele Cheyenne. Nun müssen wir zurückerhalten, was sie besaßen, die Tipis, die Pferde, die Maultiere – was immer die Cheyenne hatten. Die Weißen müssen es dem Stamm zurückgeben oder ersetzen.

Viele Cheyenne lagerten am Sand Creek. Die Soldaten konnten die Cheyenne nie einholen, wenn sie sie verfolgten – sie kamen immer irgendwie davon. Es brauchte einen Arapaho, um das Lager am Sand Creek zu finden. Mit den Soldaten ritten einige Sioux und Arapaho. Sie waren die Späher für Chivington, den Methodisten-Prediger. Es war zum Erbarmen. Die Cheyenne besaßen keine Gewehre. Über dem Lager wehte die amerikanische Fahne. Als die Soldaten kamen, suchten viele Cheyenne Schutz unter der Flagge – aber die Soldaten töteten sie trotzdem. Die Soldaten taten Unrecht, als sie ihre eigene Fahne niederschossen. Ich möchte mich nicht an ihre Taten erinnern. Mit ihren Schwertern schlitzten sie den Frauen die Bäuche auf, und schnitten kleinen Kindern die Köpfe ab. Ich mag nicht daran denken. Mein Großvater war dort, sein Name war White Antelope – Häuptling White Antelope. Er sang sein Todeslied, bis sie ihn umbrachten: »Nichts lebt lange, außer der Erde und den Bergen!« Seine drei Frauen, Sage Woman, Yellow Calf und Pipe Woman wurden auch erschossen. In der Pfeilzeremonie hissen wir deshalb nicht die amerikanische Flagge. Sie tun es zwar in der Neuen Lebenshütte – aber nicht während der Pfeilzeremonie. Cheyenne stehen nicht auf, wenn die Weißen die Fahne hochziehen. Sie bleiben sitzen. Sie haben ein Lied, das sie dann singen. Einmal wollten Soldaten einige Cheyenne dazu bewegen aufzustehen – aber sie konnten nichts machen. Die Cheyenne antworteten ihnen, daß Soldaten die Flagge niederschossen, am Sand Creek.

Damals waren Black Shepard und Elk Shoulder die Pfeilhüter, auch sie wurden getötet. Eine Frau rettete die Heiligen Pfeile. Sie nahm das Pfeilbündel und begann zu laufen. An einer Seite lief ihr Mann, auf der anderen Seite lief ihre kleine Tochter. Plötzlich wurde die Mutter in den Kopf geschossen. Als sie fiel, rief sie ihrer kleinen Tochter zu: »Nimm diese

Pfeile und lauf!« Doch die Frau erholte sich wieder, stand auf und lief weiter. Die Pfeile machten sie gesund. Die Pfeile sind sehr mächtig. Auf diese Weise wurden sie gerettet. Ich kann das nicht vergessen. Die alten Leute sprachen sehr viel darüber, und ich war alt genug, um es zu verstehen. Als ich zu den Studenten von meinen Verwandten sprach und von dem, was damals passierte, fiel es mir sehr schwer zu reden. Der alte Amos Chapman war am Sand Creek dabei. Er erzählte uns alles darüber. Er war derjenige, der uns riet, eine Entschädigung zu verlangen. Die Regierung gab uns ein starkes Versprechen, und das muß sie halten. Ich war der erste, der die Pfeile zum Sand Creek zurückbrachte, nachdem es geschehen ist. Ich war der erste.

Nach dem Massaker am Washita River kam Custer zu den Cheyenne. Stone Forehead war derjenige, der im Pfeiltipi die Friedenspfeife mit ihm rauchte. Im Pfeiltipi versprach uns Custer, keine Cheyenne mehr zu töten. Während sie sprachen, schnippte Stone Forehead etwas von der Pfeifenasche auf Custers Stiefel. Als sie ihn fragten, ob er versprechen würde, die Cheyenne nicht mehr zu bekämpfen, antwortete Custer: »uh-huh!« Die Cheyenne wußten, daß er es auf sich selbst brächte, täte er es trotzdem. Im Tipi muß man die Wahrheit sagen, oder man wird getötet. So ist es noch heute. Custer ging nach Norden, zum Little Big Horn. Wieder wollte er kämpfen, uns Indianer zerstören und töten. Als er das versuchte, konnte er es nicht schaffen. 1876 besiegten die Cheyenne ihn in der Schlacht am Little Big Horn. Dort wurde Custer vernichtend geschlagen. Fünf verschiedene Stämme waren daran beteiligt. Die runde Medaille, die ich trage, ist für die getöteten Indianer am Washita and am Little Big Horn. Die Weißen haben dafür eine Medaille. Sie sagten zu mir, daß ich sie jeden Tag tragen soll, wo immer ich auch hinginge. Sie gaben sie mir da, wo Custer beerdigt wurde.

Als die Indianer auf den Longest Walk nach Washington gingen, schrieben sie mir

Sie luden mich ein, zum Sand Creek zu kommen. Die verschiedenen Stämme wollten sich dort treffen. Sie baten mich, diejenigen zu segnen, die eine Pfeife trugen. Ich bereitete mich vor und besorgte Benzingeld. Dann fuhren wir zum Sand Creek. Meine Familie begleitete mich. Ich nahm die Pfeile mit, als ich losfuhr, nicht das Tipi. Ich fühlte mich sehr sonderbar, als ich die Pfeile zum Sand Creek zurückbrachte. Die Leute fragten mich: »Wo sind all die Gräber?« Ich antwortete ihnen: »Ihre Gräber sind überall – das Gras, die Bäume. Wir stehen auf ihren Gräbern.« Ich weiß, wo die Soldaten sie erschossen. Es war im Flußbett. Die Menschen flüchteten und versuchten sich zu verstecken. Aber die Soldaten erschossen fast alle von ihnen.

Ich betete: »Die Leere, die ich gesehen habe, meine Brüder und Schwestern. Ich habe euch nicht vergessen, obgleich ihr unter heiligem Boden begraben liegt. Ich bin gekommen, mein Volk, um selbst zu sehen, was sie mit diesem Land gemacht haben, meine Freunde von vor langer Zeit. Der Wind flüstert eure Gegenwart. Die Dunkelheit, die aus dem Nichts über dieses Land kam, um Trauer in mein Herz zu tragen, die nicht mehr weichen will. Ich kann nicht weinen, meine Freunde. Ich kann nur mit dem Herzen fühlen, was zu tun ist. Ich kenne den Schrei des Leidens, als die Trauer über euch kam. Wir sind zurückgekommen, eure Einsamkeit ist vorüber. Unsere Herzen sind voll, nun, da wir im Land unserer Brüder und Schwestern sind. Nun ruht euch aus. Wir ziehen an andere Orte in diesem Land und eure Ehre ist mit uns. Mehr wollen wir nicht. Wir haben euer Land gesehen, das euch vor Jahren genommen wurde. Wir lieben euch alle. Büffel und Adler werden eure Namen rufen, während wir wandern. In meinen Träumen folgen mir die Visionen eures Landes, damit ich die Menschen nicht vergesse, die ich mit meinem Herzen kenne. Ich bin nur einmal durch unseren Heiligen Ort gekommen, aber ich werde zum Himmel schauen in Freude. Dort wird ein Zeichen sein, daß alles gut ist. Nun, lebt wohl, Brüder und Schwestern. Ich gehe mit einem starken Herzen, das stolz sein wird, daß ich zwischen euch stand, am Sand Creek.«

Es waren sehr viele Menschen dort. Ursprünglich sollten vier Tipis aufgestellt werden. Fred Hoffmann war da und hatte sein Peyote-Tipi errichtet. Sie wollten darin beten. Die anderen hatten es wohl nicht rechtzeitig geschafft, deshalb stand nur das eine Tipi dort. Ein Mann kam auf mich zu und sagte: »Du mußt mit hineinkommen und beten!« Ich zeigte ihm den Brief, den ich erhalten hatte. »In Ordnung«, sagte er: »Wir brauchen dich morgen früh!« In der Nacht kam ein schwarzer Mann zu mir. Ich dachte, es wäre ein schwarzer Mann, denn er war ziemlich dunkel. Aber er war Indianer und kam aus dem hohen Norden. Sie müssen da oben dunkler sein als hier in dieser Gegend. Er sagte zu mir: »Alter Mann, du mußt für mich beten. Ich möchte lernen.« »Das ist gut«, erwiderte ich, »ich komme morgen zum Tipi. Ich werde für dich beten. Es ist gut, daß du lernen willst!«

Am nächsten Morgen ging ich zum Tipi. Sie waren noch beim Frühstück, und ich setzte mich dazu. Der schwarze Mann saß neben mir. Ich sagte zu ihm: »Es ist gut, daß du gekommen bist. Es ist gut!« Als wir mit dem Essen fertig waren, sollte ich anfangen zu beten. Eigentlich für diejenigen, die eine Pfeife trugen, doch dann wollten alle Leute, daß ich für sie bete. Ich sagte zu ihnen: »Ihr müßt euch in einer Reihe aufstellen, nur so kann ich es machen!« Die Menschen stellten sich in einer Reihe auf. Es war eine sehr lange Schlange. Es brauchte den halben Tag, bis ich durch war. Ich betete für alle und gab ihnen den Segen. Als ich mit den Gebeten fertig war, sahen wir einige Adler über uns am Himmel fliegen. Sie kreisten hoch oben in der Luft. Eine Frau machte Fotos davon. Danach zogen die Indianer weiter nach Washington.

Zuhause erzählte ich meinen Enkelkindern von den verschiedenen Stämmen, die von Kalifornien nach Washington zogen. Ich war froh, als mein Enkel Edwards in das Pfeiltipi kam und mir erklärte, daß er mit ihnen gehen wolle – für seinen Großvater, die Kinder und die ungeborenen Generationen. Ich betete für Edwards und gab ihm eine kleine Pfeife, die er auf seinem Weg tragen sollte. Er rauchte die Pfeife am Morgen und am Abend, wenn er betete – für alle zu Hause, für die Kleinen und für diejenigen, die es nicht schaffen konnten. Auch meine Enkelin Mainoma äußerte den Wunsch, mit nach Washington zu gehen, und ich erlaubte es ihr. Bevor sie losfuhren, veranstalteten wir für die Cheyenne, die am Longest Walk teilnehmen wollten, einen Wohltätigkeitstanz. Meine Enkel fuhren nach Wichita und zogen von da aus mit den anderen Stämmen nach Osten.

Die Organisatoren hatten mich eingeladen, in Washington eine Rede zu halten. Wir verließen Longdale, um den Demonstrationszug in Baltimore einzuholen. Mein Sohn und dessen Familie fuhren mich dorthin. Das war im Juli 1978. Sie hatten uns gesagt, es wäre für unsere Religion. Ich ging nach Washington und betete für unsere Religion. Aber es gab noch viele andere Gründe. Auf dem Longest Walk ging alles gut. Es gab hier einen katholischen Priester, sein Name war Regis Ryan. Er war ein sehr netter Mann. Regis hatte mir einen Brief gegeben, den wir den Leuten zeigten, wo immer wir durchkamen. Sie behandelten uns dann sehr freundlich. Die Leute gaben uns zu essen und nahmen uns für die Nacht auf. Sie sorgten sehr gut für uns. In Washington hielten Vertreter der verschiedenen Stämme Reden. Ich hatte Angst. Ich dachte, daß ich keine gute Rede halten könne, weil ich kein gutes Englisch spreche. Als sie wollten, daß ich gehe, versteckte ich mich in einem Zelt. Die Armee hatte es für die Indianer aufgestellt, die sich darin aufhalten oder schlafen konnten. Linda war bei mir. Sie fanden mich, und als sie mich fragten, mußte ich gehen und sprechen. Ich mußte es versuchen – denn ich bin der Mann inmitten der Cheyenne.

Ich fing an, vom Leben des Cheyenne-Volkes zu erzählen – wie es früher einmal gewesen ist. Ich erzählte auch, wie die Cheyenne in dieses Land kamen. Es gibt darüber viele Geschichten. Die Indianer wußten nicht, wohin sie gingen, als sie mit ihren Hunden über das Eis wanderten. Eine alte Frau sah einen Baum, der aus dem Eis herausragte, und dachte sich, daß Land in der Nähe sein müßte. Sie ging hinüber zu dem toten Baum und brach die Äste ab, um ein Feuer zu machen. Als die Frau die Äste abschlug, verwandelte sich der Baum in eine Art Tier, das aufgeregt hin und her lief. Ihm taten die Hörner weh. Ganz plötzlich sprang das Eis. Als es aufbrach, durchschnitt es die Reihen der Indianer, die einander folgten. Einige von ihnen waren schon an Land, aber andere standen noch auf dem Eis. Sie gingen zurück und blieben dort. Das Eis brach weit auseinander. Die Indianer, die nicht rüberkommen konnten, waren die Eskimo. Sie blieben zurück. Die anderen zogen über das Land. Und wieder kamen die Indianer an einen Ort, an dem es nicht weiterging. Ihr Weg wurde durch einen breiten Fluß versperrt, der so reißend war, daß sie ihn unmöglich überqueren konnten. Die Menschen blieben bei den großen Seen – über die wir immer noch sprechen. Sie wußten zwar nicht, wie sie über den Fluß gelangen sollten, aber sie wußten, da war Land. So haben sie gewartet. Die Indianer lagerten dort eine lange Zeit, vielleicht ein oder zwei Jahre. Riesige Vögel flogen über die großen Seen und den Fluß hinweg. Die Menschen konnten nicht hinüber, denn der Fluß war reißend und wild.

Es gab zwei Jungen. Sie waren Freunde. Beide wanderten zu den Seen – dahin, wo die Gänse und die großen Vögel lebten. Sie gingen zum Ufer und zupften den Vögeln einige Federn aus. Daraus machten sie unsere Pfeile. Als die Jungen sich die Federn holten, sah einer von ihnen etwas auf einer Sanddüne liegen, nahe am Wasser. Er sagte zu dem anderen: »Dort liegt ein großes Ei auf der Düne. Ich werde es essen!« Sein Freund erwiderte: »Nein, iß es nicht. Es könnte etwas anderes sein, ein Drachen oder ein Alligator. Es könnte ein solches Ei sein. Du ißt es besser nicht!« Aber der erste antwortete ihm: »Nein, das ist es nicht. Wir machen ein Feuer und kochen das Ei. Wenn wir gegessen haben, gehen wir zum See, und tauchen hinab bis auf den Grund. Dort trinken wir von dem kalten Waser und kommen wieder hoch!« Sie beschlossen, es so zu machen. Der Junge, der unbedingt das Ei hatte haben wollen, sprang als erster ins Wasser. Er tauchte tief hinunter, trank das kalte Wasser und kam wieder hoch. Als er wieder oben war, sprang sein Freund hinein. Während er tauchte, um am Grund zu trinken, konnte er sehen, wie das Wasser anfing herumzuwirbeln. Der Junge verwandelte sich in einen Alligator. Er wurde ziemlich groß, und hatte immer noch sein langes Haar. Der Junge tauchte wieder auf und sprach zu seinem Freund: »Ich hatte dir gera-

ten, es nicht zu tun! Nun, was willst du jetzt machen?« Der
Freund erwiderte: »Du bringst mich jetzt zum großen Fluß.
Du machst uns einen Weg über den großen Fluß!« Denn viele
von ihnen konnten nicht hinüber – die vielen verschiedenen
Stämme. Der Alligator brachte seinen Freund zum Fluß und
sprach zu ihm: »Ich kann mich über den Fluß legen und daraus
flaches Wasser machen. Geht nur hinüber!« Der Freund lief
über den Alligator auf die andere Seite des Flusses. Nachdem
er drüben war, rief der Alligator ihm zu: »Lege etwas dahin,
um die Stelle zu markieren. Wenn du wiederkehrst, kannst du
hinüber, wann immer du willst. Immer wenn du ins Wasser
gehst, um zu schwimmen, will ich, daß du viermal auf das
Wasser schlägst!« Das haben die Cheyenne dann immer gemacht, selbst in den kleinen Flüssen – mein Vater und andere
Leute, die die Geschichte kannten. Wenn wir zum Schwimmen gehen, schlagen wir viermal auf das Wasser. Es hört sich
an wie eine große Trommel. Dann fragte der Junge den Alligator: »Was kannst du essen? Wir kommen und füttern dich!«
Der Alligator antwortete ihm: »Ich kann Büffelinnereien essen!« – »In Ordnung, ich werde es ihnen ausrichten. Sie werden dir die Innereien bringen. Und wie bekommst du sie?«
Der Alligator erwiderte: »Ihr müßt sie nur ins Wasser werfen.
Ich hole sie mir dann.« Das erzählte ich in Washington. Es ist
schon sehr merkwürdig, daß sie immer mit den Tieren sprachen. Auf ihrem Weg nach Süden erhielten die Cheyenne die
Heiligen Pfeile am Bear Butte. Dort wanderten sie zuerst hin,
zum Bear Butte. Sweet Medicine erklärte ihnen, daß diese
Pfeile ihre Medizin seien, die eine lange Zeit für sie sorgen
würde.

Ich denke, daß ich es ganz gut geschafft habe. Allen hat es
gefallen. Ich weiß auch nicht, warum mir gerade diese Geschichte in den Sinn kam. Aber als ich auf meinem Weg nach
Washington war, schaute ich mich um. Ich sah die Berge und
die vielen Flüsse. Ich habe nicht lange gesprochen, der Rest
wurde später aufgeschrieben. Du hättest diese Frauen sehen
sollen. Sie wollten von der Rede Kopien machen und liefen alle
durcheinander. Ich sprach auch mit Vizepräsident Mondale.
Er versprach, unsere indianischen Rechte zu schützen. Auch
die Mitglieder des Cheyenne-Arapaho-Geschäftskomitees ka-

men nach Washington geflogen. Sie gingen zum Weißen Haus, um etwas auszuhandeln. Diese Männer mögen mich nicht. Sie sagten den Verantwortlichen dort: »Hört nicht auf ihn. Wir sind diejenigen, auf die ihr hören müßt.« Sie sagten ihnen auch, daß sie sich nicht auf mein Wort verlassen sollten. Diese Männer erzählten mir sogar davon – sie haben nicht einmal versucht, es zu verbergen.

Als ich wieder zuhause war und über alles nachdachte, den Longest Walk, kam mir zuerst meine Schule in den Sinn. Es war eine Regierungsschule. Auch davon hatte ich den Leuten in Washington erzählt – daß ein Mann aus Washington gekommen war, um mit den Häuptlingen zu sprechen, daß er zu den Häuptlingen sagte, die Kinder sollten zur Schule gehen. Seit meiner Ansprache in Washington haben mir viele Menschen geschrieben, verschiedene Stämme des ganzen Landes. Sie bitten mich um Hilfe durch meine Gebete. Auch die Crow in Montana wollen meine Unterstützung. Sie kämpfen für ihre Landrechte in den Big Horn Mountains.

Ein paar Jahre später hatten sie den Long Walk for Survival. Sie zogen hier durch Oklahoma und schlugen am Canton Lake ihr Lager auf, das war im August 1980. Ein Oglala aus Süd Dakota ging mit ihnen, sein Name war Milo Yellow Hair. Er kam zu mir und erzählte, daß sie Ronald Red Hat ehren wollten, der bei einem Autounfall ums Leben gekommen war, den Sohn meines Bruders Allen. Ich fuhr mit ihnen hinüber zum Friedhof. Als wir mit den Gebeten fertig waren, gingen wir alle zu ihrem großen Lager am See. Dort hielt ich noch eine andere Zeremonie ab.

Alles begann hier in Oklahoma – wegen der Federn

Im Februar 1974 waren zweihundert indianische Schüler vom Unterricht ausgeschlossen worden, weil sie langes Haar trugen. Im April desselben Jahres stürmte das FBI unsere Häuser mit Durchsuchungsbefehlen, die sich auf Informationen verdeckter Agenten stützten. Sie konfiszierten jede Feder, die sie finden konnten – selbst Truthahnfedern oder Federn von Vögeln, die jeder legal besitzen durfte. Sie nahmen sogar unsere

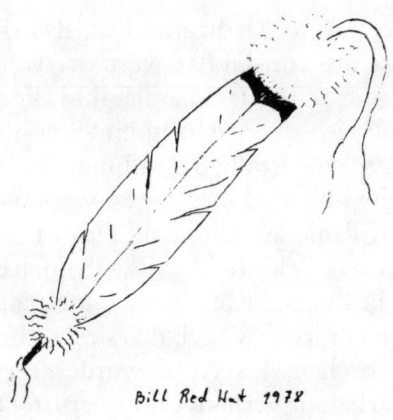

Bill Red Hat 1978

Perlstickereien und den Schmuck. Die Agenten vergriffen sich
an Medizinbündeln und an Peyote. Insgesamt konfiszierten sie
vierzigtausend Federn von Indianern hier in Oklahoma. Sie
erklärten uns, daß wir gegen das Artenschutzgesetz für Zug-
vögel verstoßen hätten. Daß es uns nicht erlaubt wäre, Zugvö-
gel oder deren Teile zu kaufen, zu verkaufen oder damit zu
handeln. Weil sie Adlerfedern besaßen, wurden achtzehn Indianer und zehn weiße Händler vom U.S. Fish and Wildlife
Service vor Gericht gestellt. Indianer stellte man generell als
Kriminelle dar, die jedes Jahr Tausende von Vögeln töteten.
Aber die Indianer plädierten auf nicht schuldig, denn in jedem
indianischen Haushalt befinden sich Federn für religiöse
Zwecke. All diese Menschen bekamen Angst vor einer Ver-
haftung, und viele fingen an, ihre Federn und andere religiöse
Objekte zu vergraben.

In jedem Laden kann man Objekte kaufen, an denen Federn
befestigt sind. Das gleiche passierte mit Little Ravens Medizinbündel – er war ein Arapaho-Häuptling. Einer seiner Söhne
ist Alkoholiker gewesen. Der weiße Händler ging zu ihm und
sagte, daß er das Bündel kaufen wolle. Ohne jemanden zu
fragen, nahm der Junge den Medizinbeutel seines Vaters aus
dem Haus. Der Händler gab ihm fünf Dollar dafür. Am nächsten Tag fand die Familie den Diebstahl heraus und ging, um
den Beutel zurückzuholen. Der Händler rief die Polizei und
ließ die Indianer aus seinem Laden werfen. Auf diese Weise

kam er zu Little Ravens Medizinbündel, das sicherlich Hunderte oder Tausende von Dollar wert ist. Wenn ein Weißer seinen Laden betrat, zeigte der Händler ihm alle seine Vitrinen: »Ja, und hier habe ich das Medizinbündel von Little Raven!« Der Händler hatte eine große Sammlung von all diesen Dingen. Und er fügte hinzu: »Eines Tages werden sie mich in die Cowboy Hall of Fame aufnehmen!« Das ist die Belohnung, wenn du anderen das Geld stiehlst. Es gab noch etwas anderes, was er machte. Er brachte Kinder dazu, loszuziehen und Scissor tails zu töten. Für jeden Vogel, den sie ihm brachten, gab er ihnen einige Groschen. Im April wurde er endlich wegen Besitz von Adlerfedern verhaftet und verurteilt.

FBI-Agenten fuhren an unserem Grundstück vorbei und blieben mit ihrem Auto in der Sandstraße stecken. Einer kam zu unserem Haus und fragte, ob wir helfen könnten, den Wagen rauszuziehen. Wayne fuhr mit seinem Pick-up hin und half ihnen. Die Agenten kamen mit ihm zurück zum Haus. Zuerst behaupteten die Männer, sie wären in der Gegend, um Rehe zu schießen. Wir sagten zu ihnen: »Wißt ihr denn nicht, daß die Jagdsaison vorbei ist?« Sie hörten sofort auf, darüber zu reden. Ich nehme an, sie dachten, daß sie uns damit hereinlegen könnten. Dann erzählten sie uns, daß sie Einkäufer für die American Heritage Association wären, und Perlenstickereien und Federarbeiten kaufen wollten. Die Agenten betonten immer wieder, sie würden jede Art von Federschmuck kaufen – Federn von Adlern, Scissor tails, Falken oder Wasservögeln. Dann zeigten sie uns einen Fächer aus Federn: »Den haben wir für vierzig Dollar gekauft.« Sie fragten uns, ob auch wir solche Fächer hätten. Wir antworteten ihnen: »Nein, wir haben keine.« Wir hörten ihnen nur zu. Dann erwähnten wir den Friseur in Canton, John Ficous, der solche Dinge besaß. Die Agenten fuhren nach Canton und verhafteten ihn in seinem Laden. So fanden wir heraus, daß sie tatsächlich vom FBI waren.

Als nächstes kam der Wildhüter von Blaine County zu uns. Er teilte uns mit, daß sie in das Pfeiltipi hineingehen wollten, um zu sehen, was da drinnen sei. Das konnten wir auf keinen Fall zulassen. Wir riefen die Häuptlinge und Vormänner der Kriegergesellschaften, um das Tipi zu beschützen – aber niemand kam. Damals war AIM in Oklahoma sehr stark, und deshalb rief mein Sohn sie zur Hilfe. Alles, was wir zu tun versuchten, war, das zu beschützen, was wir hier haben, nichts anderes. Wir mußten sie davon abhalten, in das Heilige Tipi hineinzugehen – um jeden Preis. Nachdem Wayne die Männer von AIM informiert hatte, fuhr er nach Longdale, um mit dem Polizisten zu reden. Er besuchte ihn in seinem Wohnwagen und erklärte ihm die ganze Situation. Daß wir nichts Böses tun wollten, sondern nur versuchten zu beschützen, was über so lange Zeit an uns weitergegeben worden war. Wir erzählten ihm, daß die Männer von AIM zwar kommen, sich aber nur draußen beim Pfeiltipi aufhalten würden. Wir kämen in die Stadt, um Lebensmittel und Benzin zu kaufen, aber es gäbe nichts, wovor die Menschen im Ort sich fürchten müßten. Nach diesem Gespräch stellte es der Polizist völlig anders dar. Er erzählte allen, daß wir vorhätten, die umliegenden Städte zu besetzen und ähnliches. Daraufhin kam der Bürgermeister hier zu uns raus, und fragte nach, ob das wahr wäre – ob wir das wirklich machen wollten. Alle Farmer waren in heller Aufregung und bereit zu kämpfen. In der Stadt patrouillierten sie mit Gewehren in ihren Lastwagen auf und ab. Damals waren die Vorurteile gegen Indianer sehr stark. Wir mußten wirklich an unseren Schutz denken, wenn wir in die Stadt fuhren. Mein Enkel Bill gab seine Arbeit in Wichita auf und kam nach Oklahoma. Er war sehr wütend. Er fuhr nach Longdale und schoß die Reifen eines Wagens platt. Dann geriet er in einen Kampf und schlug dabei einem Mann sein Gewehr auf den Kopf, es war ganz verbogen. Später kam der Polizist mit sechs anderen Streifenwagen, um ihn zu verhaften. Bill zeigte ihnen das Gewehr: »Wie denkt ihr, kann ich mit einem solchen Gewehr schießen?« Und so haben sie ihn laufen lassen.

Die Männer von AIM blieben für fast zwei Monate bei uns. Es waren Cheyenne dabei, aber auch Männer vieler anderer Stämme. Ungefähr zweihundert von ihnen lebten die ganze Zeit hier auf dem Grundstück. Sie besaßen alle möglichen Arten von Waffen und waren gerüstet für das FBI. Sie haben uns sehr gut beschützt. Die weißen Farmer fuhren hier vorbei, um zu sehen, was vor sich ging. In einer Nacht parkten sie mit einem Lastwagen dort auf dem Hügel, darauf standen sie und hielten ihre Gewehre hoch. Als die FBI-Agenten und der Wildhüter hier vorbeifuhren und all die Männer beim Pfeiltipi sahen, gaben sie endlich auf. Das war im Juni, und es war Zeit für uns, auf den Zeremonialplatz zu ziehen und dort unser Lager aufzuschlagen. AIM begleitete uns. Sie zogen erst ab, als die Zeremonien begannen. Ich war froh, daß es nicht schlimmer geworden ist, als es war, denn es verursachte viel Aufregung. In den ganzen Vereinigten Staaten protestierten die Indianer. Wenn solche Aktionen gegen uns in Oklahoma durchgeführt werden konnten, dann könnte sich ähnliches überall im Land wiederholen. Dieser Protest gipfelte Jahre später im Longest Walk nach Washington – für den Erhalt unseres indianischen Lebens. Jeder war glücklich auf dem Longest Walk, und etwas Gutes ist dabei herausgekommen.

Jetzt gibt es ein neues Gesetz, das unsere Religion schützt

Der American Indian Religious Freedom Act wurde 1978 von Präsident Carter unterzeichnet. Er besagt, daß von nun an die Vereinigten Staaten die Rechte der amerikanischen Indianer, Eskimo, Aleuten und Hawaiianer auf freie Religionsausübung schützen und bewahren werden, einschließlich des freien Zugangs zu heiligen Orten, den Gebrauch und Besitz von heiligen Objekten und die Freiheit der Durchführung von Zeremonien und traditionellen Riten.

In der Zeit, als der Longest Walk in Kalifornien begann, besuchten uns einige Cheyenne, die sich auf ihrem Rückweg von den südlichen Peyote-Gärten nach Montana befanden. Sie erzählten uns von diesem neuen Gesetz. Von ihnen erfuhren wir, daß die religiösen Führer der Cheyenne eingeladen worden waren, zu den Anhörungen zu kommen, die am 24. Februar 1978 stattfinden sollten. Aber das Cheyenne-Arapaho-Geschäftskomitee hatte uns darüber nicht informiert, obwohl die Einladung bereits einen Monat vor dem Termin im Stammesbüro eingegangen war. Als wir nun endlich davon erfuhren, war es für eine Teilnahme zu spät.

Im März hielten wir eine Versammlung der Association ab und beschlossen, an Senator Abourezk zu schreiben, der die Resolution für das Gesetz im Kongreß eingebracht hatte. Wir schrieben ihm, daß wir immer hart gekämpft hätten, um unsere Zeremonien, unsere Sprache und die wichtigsten Aspekte unserer traditionellen Cheyenne-Kultur für die zukünftigen Generationen zu bewahren. Und daß wir deshalb hofften, daß seine Resolution erfolgreich durch die Abstimmungen kommen würde. Wir boten ihm an, mit unseren Abgesandten an allen offiziellen Diskussionen teilzunehmen. Niemand sonst könne die Cheyenne repräsentieren. In diesem Schreiben erwähnten wir auch, daß die heiligen Orte der Cheyenne, Bear Butte in Süd Dakota, Sand Creek in Colorado und andere, durch die Bundesgewalt geschützt werden müßten und daß wir sie zurückforderten.

Im August erhielt ich einen Brief des Native American Rights Fund (NARF). Der NARF und das Native American Law Center in Albuquerque waren von der Regierung beauftragt worden, Ausführungsverordnungen für das neue Gesetz zu erarbeiten. Zu diesem Zweck sollte eine Gutachter-Kommission gebildet werden, der Medizinmänner und religiöse Führer des ganzen Landes angehören sollten. Ich wurde eingeladen, Mitglied in dieser Kommission zu werden. Aufgabe der Medizinleute sollte es sein, die Rechtsanwälte zu informieren und zu beraten. Sie sollten den Rechtsanwälten ihre Probleme und Schwierigkeiten verdeutlichen, die sie in der Ausübung ihrer Religion erfuhren, und zusammen mit ihnen Lösungsmöglichkeiten entwickeln. Das erste Treffen zwischen Medizinmännern und Rechtsanwälten fand am 17. September 1978 in Boulder statt. Das Projekt dauerte ein Jahr, und die Kommission trat in diesem Zeitraum viermal zusammen.

Ungefähr zur selben Zeit, als der Brief eintraf, bekamen wir Besuch von Marlon Brando. Sie erklärten mir, daß er ein berühmter Schauspieler sei und eine Tochter hätte, die Cheyenne heißt. Brando kam, um mit mir über ein Filmprojekt zu sprechen. Er versprach zurückzukehren, um unsere Reise nach Boulder und einige andere Dinge zu finanzieren – aber er ist nicht gekommen. Nun hat er eine Menge Probleme in seiner Familie.

In Boulder, Colorado, 17. September 1978.
Von links: Kurt Blue Dog (NARF), Wayne Red Hat, Edward Red Hat,
Luther Black Bear, Bill Red Hat und der Anwalt des NARF.

Ich fuhr nach Boulder. Meine Familie und einige andere
Mitglieder der Association begleiteten mich. Ich hatte dort
einige merkwürdige Träume – eine Hand belästigte mich. Sie
war ständig um meinen Kopf herum. Es war die Hand des
Wanderstabes, den die Männer von Sand Creek mit nach
Washington genommen hatten. In Boulder traf ich mit den
traditionellen Führern der verschiedenen Stämme zusammen.
Es gab viele gute Gespräche. Die Rechtsanwälte fragten uns
nach verschiedenen Dingen – auch danach, welche Objekte
wir in den Zeremonien verwenden. Sie wollten wissen, was
sie schützen sollten. Aber all diese Informationen sind münd-
lich unter strenger Geheimhaltung weitergegeben worden –
über Hunderte von Jahren, über viele Generationen. Es wurde
niemals aufgeschrieben. Wir glauben, daß dies der Grund ist,
weshalb unserer Bräuche und unsere Religion bis heute über-
dauern konnten. Unsere heiligen Wege erlauben es uns nicht,
über diese Dinge vor Nicht-Cheyenne zu sprechen. Nicht
einmal alle Cheyenne dürfen davon erfahren. Wir konnten es
nicht riskieren, daß die Informationen, nach denen der NARF

verlangte, in die Hände der falschen Leute gerieten. Zu oft sind Informationen wie diese von den Weißen gegen uns verwandt worden. Es ist nicht der Indianer, der unsere Mutter Erde zerstört, es ist der Weiße Mann. Sie müssen es sich selber schwerer machen. Als das Treffen beendet war, baten sie mich, für alle zu beten. Auf unserem Rückweg nach Oklahoma hielten wir noch einmal am Sand Creek und führten eine Gebetszeremonie durch. Mein Sohn und mein Enkel Bill sangen für die Cheyenne, die dort getötet worden waren. Bill vertrat mich bei den folgenden Treffen in Albuquerque und Washington. Alle anderen Stämme folgten der Richtung, die die Cheyenne vorgegeben hatten.

Im Juni 1979 traf unsere Kommission das staatliche Beraterteam hier in Oklahoma. Sie kamen, um mit den religiösen Führern über das neue Gesetz zu sprechen. Die Association hatte ein Papier vorbereitet, das Walter Roe Hamilton vortrug. Auch mein Enkel Bill hielt eine Rede: »Die Repräsentanten des Staates kommen und sagen, daß sie uns Indianern helfen wollen. Dann wiederum erklären sie uns, daß sie es nicht können, da es sich um ein politisches Problem handelte. Es geschieht ja nicht nur bei den Cheyenne, alle Stämme haben interne Probleme. Aber das Bureau of Indian Affairs (BIA) erkennt nur die politischen Vertreter in den Geschäftskomitees an – nicht die traditionellen Führer. Aber diese traditionellen Führer sind diejenigen, die unsere indianische Kultur weiterführen, so daß wir als Stamm überleben können. Wenn die amerikanische Regierung dies weiterhin ignoriert, begeht sie Ethnozid und Genozid an unserem Volk. Das Beraterteam wird aber höchstwahrscheinlich nichts unternehmen, sobald etwas die geringsten Schwierigkeiten macht. Was wir gerne sehen, sind Treffen wie diese, in denen die Regierung mit uns traditionellen Führern verhandelt, denn wir sind der Stamm. Wie sind diejenigen, die den Stamm weiterbestehen lassen. Ohne diesen indianischen Weg werden wir nicht überleben. Wenn wir Menschen zu viele Vögel töten, zu viele Tiere, dann werden wir die ersten sein, die von dieser Erde verschwinden. Deshalb versuchen wir, diese Dinge nicht zu tun. Wir brauchen diese heiligen Tiere, Pflanzen und Objekte, um unsere Art des Lebens weiterzuführen. Aber wenn das staatliche Expertenteam uns nicht hilft, dies neue Gesetz umzusetzen, dann ist es unmöglich, etwas Gutes für die traditionellen Leute zu tun. Wenn das BIA weitermacht und nur die politischen Führer anerkennt und unsere traditionellen Wege nicht versteht, dann wird der Stamm der Cheyenne sich weiter auflösen und eines Tages verschwunden sein.«

Das Treffen in Oklahoma dauerte zwei Tage. Ich war der letzte, der sprach: »Mein Name ist Edward Red Hat, Pfeilhüter der Cheyenne. Ich bin gerne auf Treffen wie diesen. Es ist das erste Mal, daß ich ein solches Treffen erlebe. Für mich hört es sich gut an. Ich weiß, daß es dazu dienen soll, den Indianern zu helfen. Ich habe noch immer meine Zeremonien. Erst vor kurzer Zeit ging ich durch die Zeremonien, Pfeilzeremonie und Neue Lebenshütte. Ich war krank, hatte Herzprobleme und Atemnot. Als ich durch war, fühlte ich mich wieder gut – es hat wirklich geholfen. Ich höre eine Menge Leute reden. Sie halten gute Reden – sie sind ehrlich und gut. Ich denke die ganze Zeit, daß wir Indianer Hilfe bekommen. Es ist das erste Mal, daß die Weißen zuhören – über unsere indianische Religion. Im letzten Sommer war ich in Washington und hielt dort auch eine Rede. Ich möchte gerne wissen, wo wir sonst Hilfe für uns Indianer bekommen. Wir brauchen wirklich Hilfe. Ich weiß, daß wir harte Zeiten durchmachen – die Preise für Benzin und Lebensmittel steigen. Wir haben Reparationsansprüche – Walter Roe hat sie vorgetragen. Wir beten dafür. Das ist alles, was ich haben möchte – und dabei brauche ich Hilfe. Das ist alles, was ich sagen wollte. Ich möchte mich bei allen bedanken. Sie haben gut gesprochen. Ich bin ein armseliger Redner in Englisch. In meiner eigenen Sprache kann ich viele Dinge erklären. Vielen Dank.«

Wir fuhren zu ähnlichen Treffen in Oklahoma und Kansas und sprachen dort mit Parlamentariern, um auch auf den verschiedenen Landesebenen ein solches Gesetz zu initiieren. Kurz nach dem letzten Treffen in Washington schickte uns das Smithsonian Institute einige Artefakte zurück an unser Cheyenne-Museum in Cantonment. Dort machte ich die Cheyenne-Erde – das Geschäftskomitee kann es nicht haben, es gehört uns. Wir dachten daran, die Cheyenne-Erde auch

bei der Stammesverwaltung in Concho durchzuführen, aber
ich habe es nie getan.

Als die Cheyenne auf die Schildkröten-Insel kamen, wanderten sie zuerst zum Bear Butte

Am Berg gab Motseyoef ihnen die Heiligen Pfeile – zwei
große Büffel-Pfeile und zwei kleine Menschen-Pfeile. Die
Cheyenne lebten eine lange Zeit in der Nähe des Heiligen
Berges – lange bevor die Weißen kamen. Wir kennen viele
Geschichten, die sich dort ereigneten. Wir Cheyenne gehören
zum Bear Butte und zu den Black Hills. Die Arapahos sollten
nicht mit den Cheyenne sein. Sie waren nicht dabei, als Sweet
Medicine uns den Weg zum Berg zeigte. Die Cheyenne sind
diejenigen, die zum Bear Butte gehören und zu seinen Zeremonien. Dort erneuerten sie zum ersten Mal die Heiligen
Pfeile. Das Tipi errichten wir stets auf dem südöstlichen Hang
– denn Sweet Medicine kam von der anderen Seite, aus Nordwesten. Ein Steinkreis markiert die Stelle, an der sie das Tipi
für die erste Zeremonie aufstellten. Immer wieder kehre ich
dorthin zurück. Wir bringen die Pfeile und das Tipi zum
Heiligen Berg und beten.

Jedesmal, wenn wir auf den Berg steigen, werden wir von
den Weißen belästigt. 1977 war es das vierte Mal, daß ich auf
den Berg ging, seit ich die Pfeile erhalten hatte. Unsere Zelte
schlugen wir entlang des Bachs auf – über dem Museum. Am
nächsten Tag errichteten wir das Pfeiltipi an derselben Stelle,
an der Sweet Medicine sein Tipi aufgestellt hatte. Die Männer
bereiteten sich vor und wanderten hinauf zu den Plätzen, auf
denen sie fasten. Während des Aufstiegs begegneten wir vielen
weißen Touristen. Sie kreuzten ständig unseren Weg, und
dabei fotografierten sie uns. Als wir die Rituale durchführten,
liefen die Touristen um uns herum. Einige zerstreuten unsere
Tabakopfer. Weiße versuchten in unser Pfeiltipi hineinzuse-
hen. Ein Cheyenne, der mit seiner Pfeife betete, wurde mit
Steinen beworfen. Ein Kind rief laut: »Ihr Affen!« Die ganze
Zeit über rasten Motorräder den Berg auf und ab – sogar hoch
hinauf auf den Zeremonialpfad. Als am zweiten Tag ein Pri-

vatflugzeug über unseren Köpfen kreiste, gaben wir auf und gingen wieder zurück ins Lager. Wir brachen unsere Zelte ab und fuhren nach Oklahoma. Diese Weißen – sie wissen nicht, womit sie sich anlegen.

Ich sprach mit Charles Rambow, dem Parkhüter des Bear Butte State Park. Er war immer hilfsbereit und begegnete uns stets mit Respekt. Für die Männer, die dort oben fasteten, tat er, soviel er konnte – aber es war schwierig für ihn. Seine Vorgesetzten erlaubten es ihm nicht, Teile des Parks für einen Tag zu schließen. Für sie war es wichtiger, den Park für Touristen und Motorradfahrer geöffnet zu halten. Rambow erzählte mir, daß die Verwaltung Sprengungen mit Dynamit plante. Ich sagte ihm, daß ich es ihnen nicht erlauben würde. Als man am Missouri River menschliche Knochen fand, wollte man sie am Bear Butte beerdigen. Ich sollte eine Zeremonie abhalten. Ich konnte zwar nicht hinfahren, sagte ihnen aber, daß sie die Gräber am Fuße des Hügels anlegen sollten. Es gibt viele Dinge, die anfallen und über die mich die Parkverwaltung auch informiert. 1981 verpachteten sie Land an einen weißen Farmer, der seine Rinder darauf halten wollte. Ich sagte Rambow, daß sie das nicht machen könnten. Es ist heiliger Boden – aus ihm dürfen sie keinen finanziellen Nutzen ziehen. Noch am selben Abend kam der Farmer und trieb die Rinder wieder vom Heiligen Berg herunter. Zur Zeit bauen sie auf einem der Gipfel eine Aussichtsplattform. Aber es wird auf sie zurückfallen – es ist ein heiliger Ort.

Teile des Berges sind bereits in weißer Hand. Nun haben wir Angst, daß der Berg zur Bebauung freigeben werden könnte, denn am Fuß des Berges wurden bereits einige Wohnhäuser errichtet. Am Südwesthang gehören dem Farmer Hoel vierhundertfünfzig Morgen – sein Land reicht fast bis an den Kamm des Berges. Im Oktober 1978 hörten wir, daß Hoel einhundertzwanzig Morgen verkaufen wollte. Wir schrieben an den Präsidenten der Vereinigten Staaten und baten ihn um Hilfe. Wir forderten die rechtmäßige Rückgabe unseres Heiligen Berges – wir forderten seine Rückgabe an die Heiligen Pfeile. In Wichita vereinbarte Karl einen Termin mit dem Kongreßabgeordneten Dan Glickman. Er übernahm es, unseren Brief an Präsident Carter zu überreichen, der auf seiner

Durchreise Wichita besuchen wollte. Wir sandten Briefe an den Innenminister des Bundes und an den Gouverneur von South Dakota. Über den Fall Bear Butte berichteten die Medien in Oklahoma, South Dakota und Montana. Wieder baten wir den NARF um Hilfe. Hoel – ein netter Mann – war bereit, das Land an Indianer zu verkaufen. Er wollte sogar warten, bis die Cheyenne das Geld dafür zusammenhätten. Aber es gehört uns ja schon – es ist das Land der Cheyenne –, wir müssen es nicht zurückkaufen. Der Weiße Mann hat es uns genommen und den Vertrag gebrochen. Bear Butte ist heiliger Boden, der uns vom Allmächtigen gegeben wurde, von Maheo. Ich sagte Hoel, daß ich nicht für das Land bezahlen könne – daß das Land mir von Maheo gegeben wurde. Zu der Zeit gab es noch kein Geld. Gott gab mir das Land, um zu beten – von der Zeit an, als Sweet Medicine uns den Cheyenne-Weg zeigte und die Zeremonien zu uns brachte. Zum Schutz unseres Heiligen Berges schwor ich die Pfeilzeremonie. Everett Yellowman plante, mir mit einem Wohltätigkeitstanz zu helfen.

Am 7. Dezember 1978 erhielt ich das Antwortschreiben vom Weißen Haus in Washington: »Lieber Mr. Red Hat, der Kongreßabgeordnete Dan Glickman hat Ihren Brief an den Präsidenten weitergeleitet, und ich antworte Ihnen in seinem Auftrag. Vielen Dank dafür, daß Sie dem Präsidenten die Gefahr eines Entwicklungsprojektes auf dem Berg, der Ihnen heilig ist, geschildert haben. Ich kann Ihre tiefe Betroffenheit in dieser Angelegenheit verstehen und weiß es zu würdigen, daß Sie den Präsidenten auf dieses Problem aufmerksam gemacht haben.«

Stuart E. Eizenstat, Assistent des Präsidenten für innenpolitische Angelegenheiten.

Zwei Monate später, im Februar 1979, leisteten die Nördlichen Cheyenne eine Anzahlung auf die einhundertzwanzig Morgen. Nach einem halben Jahr gelang es ihnen jedoch nicht, die restlichen 120 000 Dollar aufzubringen – so verloren sie die angezahlte Summe. Im September ging ich zurück zum Nowah'wus, unserem Heiligen Berg. Mein Enkel Bill hat mich gefahren. Wir beteten für die Southern Cheyenne Association und alle zukünftigen Cheyenne-Generationen. Wir beteten, und ich machte die Cheyenne-Erde – was immer mit dem

159

Berg geschieht, widerfährt auch uns. Ohne unseren Berg können wir als Tsistsistas nicht mehr existieren. Mein Enkelsohn sprach zu den Leuten in South Dakota: »Wie kann jemand heiliges Land zurückkaufen? In erster Linie sind wir daran interessiert herauszufinden, wie das Land überhaupt in private Hände gelangt ist. Wir verstehen beide Seiten, auch die Rancher und Entwicklungsplaner. Das einzige, was wir jetzt noch machen können, ist, zum Berg zu kommen, um die Macht zu fragen, was wir tun sollen. Wir kommen hierher, um Orientierung und Führung zu erhalten, wie wir unseren Heiligen Berg beschützen und bewahren können. Wir werden wissen, was zu tun ist, wenn wir wieder zu Hause sind. Der Hüter der Heiligen Pfeile ist die höchste Autorität des Stammes. Wir müssen seiner Richtung folgen – die er vom Berg erhält.«

Als wir wieder in Oklahoma angekommen waren, erzählte man uns, daß das Cheyenne-Arapaho Business Committee die einhundertzwanzig Morgen erwerben wollte. Das Committee hatte bereits eine Resolution beim Innenministerium eingereicht. Aber das Volk muß darüber entscheiden – das Cheyenne-Arapaho Tribal Council. Die Association lud die Mitglieder des Business Committee zu einem Gespräch auf dem Zerimonialplatz. Das war am 26. Oktober 1979. Wir alle saßen nahe bei der Heiligen Hütte. Wir erzählten ihnen über unsere Gebete und die heiligen Rituale, die wir auf dem Berg durchgeführt hatten. Aber die Leute vom Business Committee hörten nicht zu. Sie machten weiter wie bisher und trafen sich im November mit den Nördlichen Cheyenne. Zu diesem Treffen waren zwar die Häuptlinge und Vormänner eingeladen – aber sie kamen nicht, um mit den Zeremonialmännern zu sprechen. Sie fragten nicht danach, was das Richtige zu tun wäre. Das Innenministerium stellte den Stämmen das Geld zur Verfügung. Im Januar 1980 flog das Business Committee nach South Dakota und bezahlte für die einhundertzwanzig Morgen. Als sie den Vertrag unterzeichneten, war auch der Präsident unserer Association anwesend, der das Papier aber nicht unterschrieben hat. Jetzt sollte das Land den Zeremonialmännern übergeben werden, die auf die richtige Weise dafür Sorge tragen. Ein solcher Fall könnte sich jederzeit wiederholen. Die Association informierte alle Cheyenne über das, was vor sich ging. Wir gaben eine Zeitung heraus, *Tsista Heyo* – Unser Volk spricht. Minni und ich hatten uns den Namen überlegt. Einige Leute werfen mir vor, daß ich mit den Pfeilen gereist bin – aber das wurde auch früher so gemacht. Ich tat alles für unser Volk, wo immer ich auch hinfuhr – nach Boulder oder Washington. Auf den Longest Walk ging ich für mein Volk. Ich ging nirgendwo hin – außer wenn man mich rief. Die Zeremonien – das war die einzige Zeit. Als ich jünger war, reiste ich viel mehr. Ich brachte die Pfeile zum Bear Butte, nach Sand Creek und nach Montana. 1981 baten mich die Nördlichen Cheyenne, die Pfeile mit nach Montana zu bringen. Meine Enkelin Phyllis war die Heilige Frau in der Neuen Lebenshütte in Busbee. Sie ging für ihre Mutter Gladys durch die Zeremonie. Die Leute dort behandelten uns sehr gut. Sie errichteten ein Tipi und versorgten uns mit allem, was wir brauchten. Die Menschen brachten ihre Säuglinge zu Minni und mir, und wir mußten sie halten. Alle wollten sich mit uns fotografieren lassen. Mein Enkel Luther hatte meine Frau und mich auf diese Reise eingeladen und uns gefahren. Auf unserem Weg nach Norden brachte ich die Pfeile zum Bear Buttte und betete dafür, daß sich die Dinge gut entwickeln – für die Cheyenne und alle anderen Menschen. Ich hätte sehr gern die Möglichkeit, an all die Orte zu fahren, wo Cheyenne mich brauchen – in Altenheimen, Krankenhäusern oder Gefängnissen. Aber es ist schwer für mich, dies alles zu bewältigen. Es wäre gut, wenn wir in Longdale ein Gemeindezentrum hätten. Die Alten könnten dort Kindern und Jugendlichen unsere Geschichten erzählen, sie über die Stammesgesetze und Bräuche unterrichten. Auch Nicht-Indianer könnten etwas über uns lernen, ihre eigenen Fähigkeiten einbringen und uns damit helfen. Lederarbeiten und Perlenstickereien könnten im Gemeindezentrum produziert und vertrieben werden. Ich hoffe sehr, daß die Dinge sich in diese Richtung entwickeln.

Viel Schlimmes geht derzeit vor sich. Cheyenne werden in Unfällen verletzt. Sie sind krank und müssen operiert werden. Sie sterben. Deshalb leiste ich erneut einen Schwur für die Pfeilzeremonie. Ich bleibe auch weiterhin der Pfeilhüter – aber ich legte einen Eid ab, um meinem Volk zu helfen. Daran denke ich an diesem Morgen. Dafür werde ich im Tipi beten.

Wir sollten uns über diese Dinge Gedanken machen. Wir sollten uns daran erinnern, welch hartes Schicksal manche Menschen erdulden müssen. Diese Menschen bedürfen unserer Gebete. Ich bete für mein Volk, für die ganze Menschheit – für alles Lebendige.

Wann immer jemand für seine Familie ein Zuhause einrichtet, ist es heilig

Niemand kann es einem wieder fortnehmen – Maheo wacht darüber. Jeden Morgen bete ich im Pfeiltipi. Wann immer ich hineingehe, bete ich dafür, daß alles gut geht – für Sand Creek, für die Black Hills und das Wohnungsbauprojekt. Wenn Probleme auftauchen, unternehme ich nichts dagegen. Ich warte ab. Es wird sich von selbst erledigen. Du mußt nur wahr und aufrichtig sein, das wird am Ende immer gewinnen. Deshalb können sie damit auch nicht durchkommen – niemals. Joe Pedro ist ein Beispiel. Sie wollten ihn nicht an den Zeremonien teilnehmen lassen. Aber er kam trotzdem – eine Woche später starb er. Auch Allensworth, der vor zehn Jahren in das Wohnungsbauprogramm für die Cheyenne einwilligte, ist tot. Er starb bereits vor langer Zeit. Das Pfeiltipi sorgt für alles. Jeder weiß, was dieser Mann, Allensworth, angerichtet hat. Sie erzählten uns: »Wir werden euch neue Häuser bauen. Die Mieten werden niedrig sein. Ihr müßt nicht viel dafür bezahlen.« Das haben die Leute geglaubt. Aber das Gegenteil ist der Fall. Sie halten nie, was sie versprechen. Sie sagten uns nicht, wie hoch die Rechnungen für Gas und Reparaturen sein würden. Hätten wir das vorher gewußt, wären wir in unseren alten Holzhäusern geblieben. Es ginge uns besser als jetzt.

Meinem Sohn versprachen sie ein Haus mit sechs Schlafzimmern, dazu berechtigte ihn die Anzahl seiner Kinder. Als das Haus fertiggestellt war, gab es darin nur drei Schlafzimmer. Es war nicht groß genug für seine Familie. Für das Sechs-Zimmer-Haus hatten wir vor dem Bau zweieinhalb Morgen Land an die Wohnungsgesellschaft überschreiben müssen. Für das Drei-Zimmer-Haus wären es nur einen viertel Morgen gewesen. In den vielen Jahren, die seither vergangen sind, gaben sie uns die eineinviertel Morgen nicht zurück. Jetzt möchte mein Enkel auf diesem Stück Land ein Haus bauen. Es könnte aber sein, daß die Wohnungsbaugesellschaft ihm keines zuteilt, da wir anderen mit unseren Mieten im Rückstand sind. Als sie das Material für Minnis Haus anlieferten, stand darauf geschrieben: vier Schlafzimmer. Als es fertig war, hatte das Haus auch nur drei Schlafzimmer. Den Rest des Materials luden die Arbeiter auf ihre Lastwagen und fuhren damit davon. Wir beobachteten sie dabei und wunderten uns über das, was vor sich ging.

Alle Familien waren aufgefordert, sich am Bau ihres Hauses zu beteiligen. Die Stunden, die wir mitarbeiteten, sollten aufgeschrieben und mit unseren Mietzahlungen verrechnet werden. Jeden Abend, nachdem die Arbeiter weg waren, räumten wir die Baustelle auf – aber ein solches Papier haben wir niemals gesehen. Bevor sie uns erlaubten einzuziehen, kamen Vertreter der Wohnungsbaugesellschaft, um die Häuser zu inspizieren. Als einer der Männer den Heizkessel anzündete, wurde er von der folgenden Explosion an die Wand geschleudert. Anstatt Butan-Leitungen hatten die Arbeiter ein System für Erdgas eingebaut. Am selben Tag sagten sie zu uns: »Ja, es wird jemand kommen und es reparieren.« Wir warten seit zwei Jahren. Ein junger Pawnee-Indianer besuchte uns, als wir gerade dabei waren einzuziehen. Er war ziemlich betrunken. Der Mann konnte kaum noch senkrecht gehen oder stehen. Er sah sich das Haus an. Das erste, was er sagte: »Damit werdet ihr viel Ärger haben. Seht euch die gebrochenen Ziegelsteine an.« Der Sprung ging über die ganze Wand, bis hoch zum Dach. Verfaultes und grünes Holz wurde in den Häusern verarbeitet. Nach einer Weile fängt es an, sich zu verbiegen. Als ein fetter Mann sich im Haus einer anderen Familie auf die Toilettenschüssel setzte, brach er damit bis auf die Erde ein. Als ich davon hörte, hatte ich Angst, meine eigene zu benutzen.

Damals erzählten sie uns: »Die nächsten siebzig Jahre werdet ihr mit diesen Häusern keinen Ärger haben, denn sie sind gut und fest gebaut.« Aber es fällt alles auseinander, und zwar von Anfang an. Erst vor kurzem setzten wir die dritte Wasserpumpe ein. Die Rechnung beläuft sich auf fünfhundertachtzig

Dollar. Um ein Ersatzteil für unsere Dusche zu kaufen, fuhren wir durch ganz Oklahoma und fanden es trotzdem nicht. Es blieb uns nichts anderes übrig, als das ganze System auszutauschen. Sie erklärten den Cheyenne, daß ihnen die Häuser in fünfundzwanzig Jahren gehören würden. Aber unsere Häuser verfallen immer mehr. Was wird dann noch übrig sein? Wie konnte die Wohnungsbaugesellschaft annehmen, daß Indianer über genügend Geld verfügen, um die Häuser in gutem Zustand zu erhalten? Sie können ja nicht einmal ihre Mieten bezahlen. Wenn zweihundert Familien nicht zahlen können, dann stimmt doch etwas nicht. Das Problem werden sie nicht lösen, indem sie den Menschen ihr Heim nehmen und die Häuser räumen lassen. Im Oktober 1981 trafen wir uns mit den zuständigen Leuten der Cheyenne Arapaho Housing Authority. Diese forderten die betroffenen Familien auf, sich keine Sorgen wegen ihrer Wohnungen zu machen, man werde eine gute Lösung finden. Zwei Monate später erging an alle Familien eine Räumungsklage. Nichts war getan worden. In den vergangenen Jahren arbeiteten viele verschiedene Leute in den Housing-Büros. Einige von ihnen führten ihre Geschäfte schlecht und schadeten dem Projekt. Nun müssen alle Cheyenne darunter leiden. Das ist wieder eine neue Art, unser Land wegzunehmen – das wenige, was wir noch haben.

Das dürfen sie nicht tun. Für jeden Menschen ist diese Erde ein Fundament, sich ein Heim zu schaffen. So sollte es sein. Wann immer jemand ein Haus einrichtet, weiß der Allmächtige davon. Niemand sollte versuchen, es ihm wegzunehmen. Wenn sie tatsächlich anfangen, die Häuser zu räumen, und andere Personen, Mexikaner oder Weiße, hier einziehen lassen, ist das nicht gut. Es ist nicht richtig. Ed Burns weiß von diesem Cheyenne-Gesetz, deshalb kann er nicht hierher zum Tipi kommen. Er weiß, daß er so nicht handeln darf. Als Bowstring-Vormann kennt er den traditionellen Weg. Er ist derjenige, der etwas für sein Volk tun muß. Er sollte es wissen. Vor einiger Zeit versuchten die Leute, den Cheyenne-Arapaho Complex zu besetzen. Damals machte Ed Burns sich für die Aktion stark. Als die Leute das Gebäude stürmten, war er nirgendwo zu sehen und auch telefonisch nicht erreichbar. Er ließ sich nicht blicken. Ed ist ein Verwandter von Minni. Er trägt den Namen ihres Bruders, sogar dessen Cheyenne-Namen. Minnis Vater hatte zwei Namen, einer davon war White Leaf – der Name von Ed Burns' Großvater. So nahe sind wir uns. Als die Leute während des Treffens der Association über Ed sprachen, schämte sich Minni wegen seines Verhaltens, denn er ist ein Verwandter. Ed erzählte Catherine Bull Coming folgende Geschichte: »Eine alte Frau kam in mein Büro und sagte zu mir: ›Du kannst mich nicht aus meinem Heim vertreiben.‹ Dann machte sie ein paar rituelle Bewegungen. Sie berührte meinen Kopf, meine Brust und meinen Arm. Seither kann ich nichts mehr gegen sie unternehmen und ihr nichts mehr sagen.« Mein Enkel Bill könnte gehen und mit Ed rauchen. Bill könnte es ihm erklären und ihm Erde geben. Denn Ed ist dabei, sich eine Menge Probleme einzuhandeln, sollte er versuchen, die Menschen aus ihren Häusern zu vertreiben. Es wäre besser, ihm etwas zu geben. Auch wir können die Miete seit Monaten nicht bezahlen. Sie forderten uns auf, unser Haus bis zum 14. Januar 1982 zu räumen.

Jetzt endlich wollten die Leute sich zusammentun und etwas gegen die Wohnungsbaugesellschaft unternehmen. Wir sprachen mit Rechtsanwälten und baten sie, der Cheyenne Association in dieser Angelegenheit zu helfen. Rechtsanwalt Standing Bear gab uns den Rat: »Ihr braucht einige junge Männer, um eure Häuser zu verteidigen.« Vor einigen Tagen versuchte eine große Schlange, durch das Schlafzimmerfenster in das Haus meines Sohnes zu kriechen. Meine Enkel töteten die Schlange und warfen sie nahe bei der Einfahrt auf die Straße. Am nächsten Tag gingen Wayne und Bill ins Pfeiltipi und beteten für den Erhalt unserer Wohnungen. Als sie aus dem Tipi kamen, sahen sie, wie eine zweite Schlange versuchte, auf demselben Weg ins Haus zu gelangen. Vielleicht war es ein Gefährte der ersten – beim Versuch zu folgen. Sie töteten auch diese zweite Schlange und warfen sie auf die Straße. Nicht lange danach kroch eine dritte Schlange auf die Veranda, es war die längste von allen. Sie töteten auch die dritte Schlange. Die Housing Authority versucht wirklich, hier einzudringen – aber wir haben sie geschlagen. Minni hat nun keine Angst mehr. Die Schlangen sind tot – und wir gewinnen vielleicht den Prozeß.

Es ist traurig mitanzusehen, wie die Graswurzel-Leute die Opfer der »Äpfel« werden – derjenigen, die außen rot und innen weiß sind. All die Gesetze und Anweisungen, die sie nicht verstehen. Die Graswurzel-Leute werden benutzt, mißbraucht und übers Ohr gehauen, aus welchem Winkel man es auch betrachtet. Sie sitzen in ihren armseligen Häusern und kämpfen jeden Tag um das wenige, was sie haben. Auf der anderen Seite gibt es die BIA-Complex-Angestellten, mit Geld in der Tasche, Kilometergeld, wo immer sie hinfahren. Und zu unseren Treffen können die Leute nicht kommen, weil sie kein Benzingeld oder keine Mitfahrgelegenheit haben. Die anderen sitzen in ihren Büros herum, unterhalten sich und trinken Kaffee. Sie akzeptieren Collect-Anrufe von Freunden und Verwandten und sind ständig auf irgendwelchen Besprechungen. Es scheint, als hätten sie eine gute Zeit. Aber all das Geld, all die Programme erreichen die Graswurzel-Leute so gut wie nie. Wer weiß schon, wo all das Geld hingeht? Wir wissen nicht, wie wir das Problem bewältigen können. Wir erzählen uns gegenseitig von unseren Schwierigkeiten und versuchen, Personen ihrer Posten zu entheben und andere dafür einzusetzen. Aber selbst mit neuen Leuten bleiben die Probleme stets die gleichen.

Wir sollten auf die Alten hören

Eifersucht, Lügen und Betrug sind nicht gut. Die Menschen leben schneller und schneller. Automobile befördern die Leute in hoher Geschwindigkeit durch die Gegend. Fernsehen und Telefon, das ist eine schnelle Art, Informationen zu erhalten – man sollte es verlangsamen. Sie reisen sehr weit und finden dann heraus, daß etwas fehlt. Dann müssen sie zurückkehren und mit den Alten reden. Alle Menschen, alle Generationen sollten zusammengehen, niemanden zurücklassen. Durch die Alten können sie herausfinden, wie das Leben sein kann und wie man die indianische Lebensweise nicht vergißt. Die alten Leute gaben uns früher guten Rat. Sie sagten zu uns: »Wenn du zu einem Mann oder einer Frau herangewachsen bist, und dich daran erinnerst, welchen Rat wir dir gegeben haben, wird es dir gut gehen.« Die Alten sprachen nicht nur einmal mit den Kindern. Sie nutzten jede Gelegenheit. So habe ich es auch mit meiner Mutter und meinem Vater erlebt. Sie sprachen mit mir und erzählten mir von den Dingen, die ich nicht tun sollte. Sie wußten – ich würde auf dem Cheyenne-Weg bleiben.

Als Junge nahm ich an den Zusammenkünften der Cheyenne teil. Die Häuptlinge trugen mir auf: »Geh und hol mir Wasser.« Ich ging und holte Wasser für sie, und manchmal auch etwas anderes – was immer sie mir auftrugen. Ich tat es und wies sie niemals zurück. Auf diese Weise lernte ich. Vieles ging damals noch vor sich. Ich habe alles getan, um diese Dinge nicht zu vergessen, und immer versucht, mich an das zu erinnern, was die alten Leute mir erzählten. Sooft ich konnte, hörte ich den Alten zu. Ich wies niemals einen ihrer Aufträge zurück. Heute ist es an mir. Unsere Alten dachten: »Vielleicht ist diese Schulerziehung, über die der Weiße Mann zu uns spricht, gar nicht so schlecht. Wir müssen die Weißen verstehen lernen, denn wir müssen mit ihnen leben und auskommen. Wenn unsere Kinder in ihre Schule gehen, lernen sie die Sprache des Weißen Mannes. Sie werden wissen, was er denkt. Die Kinder werden unsere Augen, unsere Ohren und unser Mund sein. Durch unsere Kinder werden wir zuhören und sprechen. So werden wir unsere Kultur besser schützen können, die über viele Generationen an uns weitergegeben wurde.« Seither sind viele Jahre vergangen. Unsere Kinder gingen in die Schulen der Weißen. Einige sind unsere Augen, Ohren und unser Mund. Andere sind den Weg des Weißen Mannes gegangen und wandten sich von ihrem eigenen Volk ab. Wieder andere sind so durcheinander, daß sie nicht wissen, ob sie Tsistsistas sind oder Veho. Sie sind weder in der einen Welt zu Hause noch in der anderen. Viele Cheyenne trinken sich zu Tode. Tod durch Trinken ist die Verschwendung des eigenen Lebens. Das ist die schlimmste Art zu sterben. Die Schule des Weißen Mannes ist schwer für die Tsistsistas. Die Weißen lehren dort ihre eigene Veho-Sprache, Veho-Gedanken und Veho-Geschichte. Sie versuchen, unsere Kinder weiß zu bleichen. Die Kultur der Cheyenne wird nicht erwähnt, und wenn, dann sind sie nicht richtig informiert. Die Weißen zeigen keinen Respekt für unseren indianischen Weg. Sie haben keinen Respekt vor unseren Toten, die für ihr großes, wunderbares Land kämpften, das vom Canadian River bis hinauf nach Norden zum Cheyenne River reichte. Sie respektieren weder unsere heiligen Plätze noch unsere Religion. Sie wollen, daß wir uns schämen, weil wir arm sind. Der Veho hat uns arm gemacht. Wir waren reich als Herrscher des weiten Graslandes. Nicht reich an Papiergeld – aber im Geiste und in allem, was wir wollten.

Einige Cheyenne könnten in einer Bank arbeiten, einen Beruf erlernen oder eigene Geschäfte haben. Sie könnten sehr erfolgreich sein und dabei jeden gut behandeln. Aber Sweet Medicine trug uns auf, bescheiden zu sein und nach unserer Religion zu leben. Deshalb bauten die Cheyenne keine Stadt. Wenn Sweet Medicine uns nicht gesagt hätte, daß wir bescheiden leben und bei unserer Religion bleiben sollten, könnten wir vielleicht unsere eigene Stadt sehen. Aber alles, was wir jetzt haben, sind unsere Religion und unser heiliger Weg hier im Pfeiltipi. Ich weiß, daß die Cheyenne klug genug sind, um ein Geschäft zu führen oder um Bankier zu werden und all das. Aber unser Prophet, Motseyoef, sagte uns voraus, welche Dinge geschehen würden und wonach wir Ausschau halten sollten. Vor langer Zeit wußte Motseyoef bereits, was sich ereignen würde. Bevor der Weiße Mann kam, sagte er unserem Volk alles voraus. Ich muß es denjenigen sagen, die nichts über den Cheyenne-Weg wissen. Die Tsistsistas haben vergessen, einige der wichtigsten Dinge zu tun, die man von ihnen erwartet – sie sollten gut miteinander reden. So wie Sweet Medicine es den Menschen aufgetragen hat: »Liebet einander«. Dasselbe gilt für die Verwandten.

Noch bewahren die Cheyenne ihre Zeremonien und ihre Religion. Ich höre sie über eine Menge Dinge sprechen, über die Art und Weise, wie wir leben sollten. Unser Prophet Sweet Medicine trug uns auf, immer Tsistsistas zu sprechen und zu denken. Er gab uns viele Regeln, nach denen wir leben müssen. Wir können diese Dinge nicht aufgeben, denn Gott hat sie uns gegeben. Heutzutage verstehen sich die Menschen nicht mehr sehr gut. Es ist schwer für sie, miteinander gut auszukommen, wie es die Menschen früher einmal konnten. Mit böser Nachrede können wir unsere Schwierigkeiten nicht überwinden – und wir fühlen uns nicht gut dabei. Wir alle wissen, wie schwer das Leben ist, so wie die Dinge jetzt stehen – was uns widerfährt. In unserem Leben stehen wir jetzt an diesem Punkt. So ist es jetzt, und so hat es unser Prophet gelehrt – so wurde uns auf dieser Insel das Gesetz gegeben. Wir versuchen, mit guten Gedanken zu leben. So werden wir alle zusammenkommen. Das ist es, was uns wirklich wichtig ist. Ich glaube an das, was wir heute noch haben. Wir bewahren es von Generation zu Generation. Mit diesen Dingen haben wir eine lange Zeit gelebt. Mit dem, was wir hier im Tipi haben, werden wir noch eine lange Zeit leben. Ihr werdet entscheiden müssen, welchen Weg euer Leben nehmen soll. Der schwere Weg ist der Veho-Weg. Denn ihr verliert eure Identität als Cheyenne. Ihr werdet zu einem Veho mit brauner Haut, und trotzdem wird er euch niemals als einen der seinen akzeptieren. Dann gibt es unseren traditionellen Weg. Die alten Leute kennen noch die Gesetze. Auf diese Weise haben wir überlebt, und solange wir diesen Weg gehen, werden wir überleben, aber nur, wenn wir wieder zusammenkommen. Wir könnten es schaffen und hätten die Schlacht gewonnen. Dann könnten wir den Veho-Weg zum Nutzen und Wohle unseres Volkes verwenden.

Seid stolz darauf, Cheyenne zu sein. Wir sind noch immer eine Insel in einem Ozean von Weißen. Wir Tsistsistas werden hier sein, solange das Gras wächst und die Flüsse fließen. Wir sind diejenigen, die durch ihre Zeremonien das Gras und die Tiere am Leben erhalten – während der Veho versucht, sie aus Profitgier zu töten. Das Land beschützt uns – denn Maheo machte uns zu Hütern des Landes und allem, was darauf existiert.

Eines ist wichtig, daß wir an dem festhalten, woran wir uns erinnern – an unseren Gebeten und an unserer Art, sich der Verwandten anzunehmen. Dies ist eine glückliche Art zu leben. Wir versuchen, unsere Zeremonien weiterzuführen, und dabei kommt Gutes heraus. Unser Prophet Motseyoef erzählte uns von diesem guten Weg und daß wir uns an unsere Freunde und Verwandte erinnern sollen. Dinge, die nicht viel Gutes bewirken, sollte man nicht zu sehr verfolgen. Viele Menschen bereiten sich auf den Sommer vor. Einige von ihnen haben für die Pfeilzeremonie und die Neue Lebenshütte einen Eid abgelegt. Wir freuen uns darauf, uns glücklich zu machen, und auf die guten Dinge, die kommen werden – so wie es einmal gewesen ist. Wir Cheyenne sollten zusammen-halten – für das, was wir brauchen, und für unsere Gesundheit. Für diesen Segen sollten wir zusammenarbeiten, für unsere jungen und alten Menschen. Ich bin glücklich, denn wir werden wieder Zeremonien haben.

Ich werde euch von etwas Gutem erzählen, von etwas, das gut zu wissen ist. Ich wünschte, ihr würdet alle so denken. Es wäre sehr gut, wenn ihr auf die Weisheit hören würdet – auf das, was gut ist zu wissen. Ich wünschte, ihr würdet zusam-menhalten und über Gutes nachdenken – so könnten wir diese Dinge erfahren. Etwas hat uns auf den falschen Weg gebracht. Etwas hat unsere Gedanken von unserem Cheyenne-Leben abgelenkt. Aber laßt es damit bewenden, wir mußten die Folgen erleiden. Egal, was bereits geschehen ist, wir müssen über gute Gedanken nachdenken und darüber, was die Wahr-heit ist. Wir müssen weitermachen und an das denken, was gut ist, und nur an die Wahrheit dessen, was gut ist. Dies ist der Weg, den wir gehen wollen. Wir wollen die Wahrheit und das Gute. Mit dieser Wahrheit sind wir einen langen Weg gekom-men – und niemand kann etwas anderes sagen, niemand neben uns und niemand hinter uns. Wir sind nicht hier, um über einen anderen zu sprechen. Dies ist, was wir wissen sollten. Vor uns liegt noch ein weiter Weg. Wir sollten diese Dinge denken und so die Wahrheit erkennen. Auf diese Weise leben wir. Wir möchten, daß etwas Gutes zu uns kommt, nicht etwas Schlechtes. Diejenigen, die uns auseinanderbringen – wir müssen zusammenhalten. Wir müssen zu diesen guten Dingen zurückkehren und alle gut voneinander denken. Ich wünsche nichts Schlechtes – nur glücklich zu sein, und die Wahrheit zu erkennen. Nur respektiert und glücklich – mit unserem Volk und unseren Kindern. Das ist die Wahrheit.

Schaut zurück und respektiert unser Gesetz und unsere Reli-gion. Seid glücklich und erkennt die Wahrheit – macht, was richtig ist. Die Menschen sollten nicht nach etwas Ausschau halten, das nicht Wahrheit ist. Beurteile selbst, was gut ist. Das ist, was Maheo uns lehrte. Unsere traditionellen Zeremonien haben uns einen langen Weg geführt. Die Menschen wissen, was gut ist, und beten nur, daß sie nach eigenen Gesetzen leben und Religion auf ihre Weise ausüben dürfen – Pfeilzeremonie und Neue Lebenshütte. Wir Cheyenne sollten alle zusammenarbeiten. Wir gehören alle zusammen. So weit sind wir nicht mit Lügen gekommen. Laßt uns nur unseren eigenen Weg gehen, unseren einzigen Weg. Erkenne immer die Wahrheit. Wir wissen – unser Weg wird dann wieder leicht sein – darin zu wachsen, Tsistsistas zu sein, in allem, was gut ist. Jeder sollte gut darüber nachdenken. Das ist der Weg, den Maheo für uns bereitet hat.

Wenn wir mit den Zeremonien beginnen, muß ich mein Bestes geben, und versuchen, es richtig zu machen – für mein Volk und für alle Menschen in den Vereinigten Staaten. Auf diese Weise führe ich meine Pfeilzeremonie. Zuerst kommt die Pfeilzeremonie, dann die Neue Lebenshütte, als zweites. Es deckt alles ab – unsere Religion, was immer wir tun. Es enthält das Ganze. Mit unseren Zeremonien beginnen wir im Frühling, wenn alles anfängt zu wachsen, die Bäume, die Blätter, und alles andere. Sie richten sich danach, und sie benutzen es. In der Zeremonie müssen sie einen Baum fällen, dabei beten sie. Und wenn sie das Laub abschlagen, beten sie auch dafür. Alles, was wächst, macht alles reif. Ich habe einen Sohn. Wayne ist der erste, mit dem alles beginnt. Er ist der Schöpfer des Blauen Himmels, der Himmelmacher. Er ist derjenige, der seine Zeremonie zuerst beginnt, denn damit beginnt alles. Zuerst machte der Allmächtige die Sonne. Dann machte er den Mond und dann die Sterne. Und er machte den Blauen Himmel und alles, was über uns ist, und alles, was kommt, Regen und Wolken. Das ist, was alles wachsen läßt. Danach richten wir uns, auch bei der Durchführung unserer Zeremonien.

Noch immer haben wir die Friedenspfeife. Wir rauchen sie, wenn wir mit den Zeremonien beginnen. Wir respektieren unsere Pfeife. Wir laden sie vor uns und fangen an zu beten. Alle Handlungen, die wir ausführen, vervollständigen, was wir beten – für unser Volk, für alle Indianer, für die verschiedenen Stämme und Nationalitäten, die unterschiedlichen Farben und Sprachen. All dies ist darin enthalten, und auch die

Welt, in der wir leben. Und wir bemühen uns, daran zu denken, die richtigen Dinge zu tun. Ich versuche immer, mit den Menschen auf die richtige Weise zu sprechen, so daß es uns gelingt, die Pfeilzeremonie weiterzuführen, solange es geht. Wir halten weiter an der Friedenspfeife und an unseren Zeremonien fest. Es gibt eine Reihe von Ritualen, die wir immer noch ausführen. Wir kennen die Lieder und haben die Sprache, die wir während der Zeremonien sprechen.

Wir gehen zum Bear Butte. Das ist der Platz – dort gab der Berg uns die Pfeile. Sweet Medicine, unser Prophet, war derjenige, der in den Berg hineinging und die Pfeile holte. Unsere jungen Männer, die in den Ersten Weltkrieg zogen, beteten auch für die Heiligen Pfeile. Alle überlebten den Ersten Weltkrieg, den Zweiten Weltkrieg und den Krieg in Korea. Heute haben wir noch immer unsere Heiligen Pfeile. Wir bauen noch immer auf das, was wir haben. Ich erinnere mich an eine Zeit, als einer der Pfeilhüter zu den Leuten sprach: »Ihr gebt mir diese Pfeile, um unsere Zeremonien fortzuführen, solange wir leben.« Und er sagte zu ihnen, daß er alle Menschen in den Vereinigten Staaten hält – genau wie er die Pfeile hält. Wir haben sie noch immer, und die Pfeile werden noch eine lange Zeit andauern, wenn wir es richtig machen – die Pfeife rauchen, wahrhaftig und ehrlich. Sie müssen ehrlich sein. Es gibt viele Dinge wie diese. Wenn die Dinge sich schlecht entwickeln, legen die Cheyenne einen Schwur ab. Wenn er erfüllt ist, sind sie glücklich. So geht es mir jetzt. Ich bete für alle Menschen, die in diesem Land wohnen. Der Prophet sprach zu uns: »Seid bescheiden in allem.« Ich erinnere mich daran. Ich sage es meinen Verwandten und all meinen Freunden. Noch immer bete ich in meinem Tipi – früh am Morgen. Ich bete für alle Menschen. Ich hüte das Feuer, jeden Tag. Und ich bete an den Abenden. Auf diese Weise lebe ich mit meinem Pfeiltipi. Das ist alles, was ich sagen möchte.

Bill Red Hat erzählt

Unser Hund Bär heulte laut

Es war ein schlechtes Zeichen, und wir mußten ihn erschießen. Mein Großvater war sehr krank. Wegen seiner Herzprobleme mußten wir ihn im November 1981 ins Krankenhaus bringen. Viele Cheyenne – Frauen und Männer – kamen zum Hospital. Sie waren bei ihrem Pfeilhüter, Tag und Nacht – über viele Wochen. In Montana versammelten sich die Nördlichen Cheyenne, um für Großvater zu beten. Sie alle versuchten, dem Pfeilhüter mit ihren Gebeten zu helfen. Luther Black Bear ging zu unserem Großvater ins Krankenhaus und sagte zu ihm: »Großvater, du bist sehr schwach, nimm dir etwas von meiner Stärke.« Und Großvater tat es. Er vollführte eine kleine Zeremonie und nahm sich von Luther Energie. Nach zwanzig Minuten konnte Luther es spüren. Er fühlte sich müde und schwach. Ende Januar 1982 ging es meinem Großvater plötzlich wieder besser. Als ich eines Abends ins Krankenhaus kam, war er bereit, nach Hause zu gehen. Er saß angezogen auf seinem Bett und hatte schon seinen Mantel an. So nahmen wir ihn mit zurück nach Longdale. Hier versuchten wir, Großvater im Haus zu behalten, denn draußen war es sehr kalt, der Boden war mit Schnee bedeckt. Als das Wetter etwas besser wurde, ging der alte Mann wieder ins Tipi.

Am Morgen des 23. Februar 1982 kam ein Vertreter der Cheyenne Arapaho Housing Authority zu uns, um wieder einmal mit uns über die Hausräumungen zu verhandeln. Ursprünglich hatten sie uns schon Anfang Januar auf die Straße setzen wollen. Am Nachmittag desselben Tages ging der Pfeilhüter zum Tipi. Dort fiel er zu Boden, auf der Nordseite des Pfeiltipis – nordöstlich davon. Zwei der Kinder, Brian und Joey, sahen ihn fallen und riefen nach mir. Großvater war ohnmächtig geworden, und ich fuhr ihn sofort ins Krankenhaus. Die Ärzte brachten sein Herz wieder zum Schlagen, und er begann wieder von alleine zu atmen. Wir dachten, er wäre bereits tot. Aber die Ärzte behandelten ihn weiter und erhielten ihn noch eine Weile länger am Leben. Dadurch gaben sie Großvaters Geist Zeit, auf die Reise zu gehen, um sich zu verabschieden.

In der Nacht, bevor der Pfeilhüter starb, ging er auch zu Luther Black Bear. Luther wachte plötzlich auf und hatte das Bedürfnis, nach draußen zu gehen. Als er die Tür öffnete, konnte er fühlen, wie eine kalte Brise hereinzog. Ihm war klar, daß ein Geist ihn besuchte. Luther sprach zu ihm: »Es ist gut, daß du gekommen bist, um mich und meine Familie zu besuchen. Wenn du uns jedoch verletzen willst, bitte ich dich wieder fortzugehen. Wenn du ein guter Geist bist, gehe bitte hinaus. Es ist sehr nett, daß du uns besucht hast. Ich werde dir etwas zu essen rausbringen.« Luther stellte etwas Fleisch, Brot und Kaffee nach draußen. Als er ging, um es zu holen, fiel das große Portrait unseres Großvaters von der Wand, obwohl Luther es sicher befestigt hatte. Nun wußte er sicher, daß jemand da war. Am folgenden Morgen rief sein Bruder an, und erzählte ihm, daß unser Großvater gestorben sei. Der Pfeilhüter starb gegen sechs Uhr früh, Mittwoch, den 24. Februar 1982. Wir alle waren bei Großvater im Krankenhaus. Großmutter ging zu ihm hinein und kämmte ihm die Haare.

Bereits 1981 – im Frühling – wandte sich der Pfeilhüter an Luther: »Ich werde bald sterben und ich möchte noch einmal zum Bear Butte.« Deshalb lud Luther Großvater und Großmutter in jenem Sommer auf die Montana-Reise ein. Mein Großvater sagte auch zu meiner Großmutter, als sie zusammen auf dem Bett saßen: »Irgend etwas wird geschehen, aber ich habe niemandem etwas vorzuhalten.« Das war nicht allzulange, bevor er starb. Auf dem Berg gab Großvater seine Medizin an Luther weiter, zusammen mit zwei Liedern, die dieser jetzt zu lernen versucht. Luther bekam Heilkraft von meinem Großvater, aber er fühlt sich nicht stark genug, sie auszuüben. Wenn Luther wüßte, wie stark sie ist, könnte er viele Dinge tun. Der Pfeilhüter verteilte seine Kraft auf vier Männer, Luther Black Bear, Lyman Weaselbear, Laird Cometsevah und Walter Roe Hamilton. Sie brauchten nicht das durchzumachen, was ich erleiden mußte, um diese Kraft zu erlangen. Eine Woche, bevor der Pfeilhüter starb, gab er mir seine Friedenspfeife, die Pfeife mit dem geraden Stamm, die im Pfeiltipi verwendet wird. Das ist diejenige, die er auf seine Reisen mitnahm. Als Großvater im Krankenhaus lag, hatten wir ihm die Pfeife neben seinen Kopf gelegt. Dort lag auch sein

Holzstab, eingewickelt in Salbei und schwarzem Stoff. An die Bettpfosten banden wir Salbei, Süßgras und eine kleine Adlerfeder.

Der alte Mann hatte sehr viel Macht. Aber ich denke, daß das Alter ihn eingeholt hat – und all die Kräfte, die gegen ihn waren. Mein Vater glaubt, daß diese Peyote-Kreatur unseren Großvater erwischt hätte. In der Woche, als der Pfeilhüter starb, besuchte ihn ein Mann aus Kalifornien, den Storm, der Autor von *Seven Arrows,* geschickt hatte. Zwei junge weiße Frauen und ein anderer Mann begleiteten ihn. Sein Name war Swift Turtle, und er gab sich als Medizinmann aus. Er überreichte Großvater einen kleinen Medizinbeutel, und mein Großvater gab Swift Turtle ein Paar Mokassins, worüber der sich sehr freute. Ich frage mich, ob das etwas mit seinem Tod zu tun hat. Den Medizinbeutel bewahre ich draußen im Wald auf. Aber es war mehr als nur eine böse Kraft gegen ihn. Wir lasteten alle auf seinen Schultern. All das zusammen war zuviel für ihn. Er konnte nicht gegen alles auf einmal kämpfen. Wenn man sich die Dinge vergegenwärtigt, die ihn quälten: Black Hills, Housing Authority, die Cheyenne, die nicht zu den Zusammenkünften kamen, die Kriegergesellschaften, die nicht kamen, Häuptlinge und Vormänner, die ihn nicht unterstützten. Und die vielen seines Volkes, die ihn nicht aufsuchten. Alles das hat mit seinem Tod etwas zu tun, auch John Greene. Oder diejenigen, die während der Pfeilzeremonie die amerikanische Fahne hißten, obwohl sie es nicht sollten. Auch diese Männer stellten sich gegen ihn und das Pfeiltipi. All diejenigen, die meinen Großvater wählten und ihn dann allein ließen. Jene, die nicht kamen, wenn er nach ihnen rief – viele sind mittlerweile verstorben. Ich weiß, was geschieht, wenn man diesen Regeln nicht folgt, ich müßte dafür bezahlen – mit meinem Leben und meiner Zukunft.

Ich wollte den Pfeilhüter am Bear Butte beerdigen. Ich wollte ihn zum Berg bringen, dorthin, wo er hingehört. Das hätte getan werden müssen. Es gibt dort eine geeignete Gesteinsformation. In die hätten wir ihn hineinlegen und sein Grab mit Steinen verschließen können. Aber seine Enkelkinder verstehen das nicht. Für sie war er ihr Großvater, und sie wollten, daß er in dieser Gegend bleibt. In den alten Tagen behielten sie die Toten nicht so lange bei sich. Wenn jemand starb, wurde er sofort begraben. Manchmal blieb den Verwandten kaum Zeit, ihren Angehörigen noch einmal zu sehen. Sie beauftragten niemals ein Bestattungsunternehmen – das ist neu.

Als sie Großvater zu Bud Haiglers Beerdigungsinstitut brachten, um ihn vorschriftsmäßig einbalsamieren und herrichten zu lassen, wollte Haigler nicht mit seiner Arbeit beginnen. Er forderte zuerst sein Geld. Er verlangte die siebenhundert Dollar, die wir ihm noch für Marylins Beerdigung schuldeten. Wir wußten nicht, was wir machen sollten. Luther telefonierte mit den Nördlichen Cheyenne, die einen Teil des Betrages direkt an Haigler überweisen wollten. Schließlich bekamen wir neunhundert Dollar zusammen. Auch Father Powell sandte etwas Geld. Das Business Committee wollte helfen, verfügte aber über keine Geldmittel. Deshalb bot sich Fred Hoffman an, einen Wohltätigkeitstanz zu organisieren.

In der Nacht der Totenwache kamen die Cheyenne zu unserem Haus. Ihre Autos parkten dicht an dicht in beiden Einfahrten und spät nachts die ganze Straße hinunter. Die Frauen hatten Essen zubereitet und auf den Küchentisch gestellt. Die Menschen saßen in den Räumen oder standen im Flur – viele von ihnen weinten. Die ganze Nacht hindurch defilierte eine lange Menschenschlange am Sarg vorbei. Großvaters Gesicht war rot bemalt und sein Haar in Zöpfen geflochten. Seinen Sarg hatten wir in Ost-West-Richtung aufgebahrt. Als er noch lebte, schlief er mit Blick nach Süden. Meine Großmutter schnitt sich in dieser Nacht ihre langen Haare ab, am folgenden Morgen wurden den anderen Familienmitgliedern die Haare geschnitten. Die ganze Nacht hindurch stießen die Frauen laute Klageschreie aus. Vor dem Haus brannte ein großes Feuer, um das sich die Männer versammelten. Im offenen Feuer rösteten einige von ihnen große Fleischstücke für den nächsten Tag. Ich hatte das Schwein geschlachtet, das für die Zeremonien vorgesehen war, für die mein Großvater den Schwur geleistet hatte. In der Nacht gingen alle Personen hinaus zum Tipi – zu dem Platz, an dem der Pfeilhüter gestorben war. Einer der Pfeilmänner sprach ein Gebet, und nach einer Weile gingen wir zurück ins Haus.

Als der Pfeilhüter starb, machten sie sich Sorgen wegen des Wetters bei der Beerdigung. Deshalb gingen mein Vater und ich nach draußen und beteten. Die dunklen Wolken verflogen, der Himmel war blau, und die Sonne schien. Die Beerdigung fand an einem Samstag statt, am 27. Februar 1982. Um zwölf Uhr gab es ein Mittagessen für alle, die gekommen waren. Die Frauen unserer Familie hatten es hier und in Longdale die ganze Nacht über zubereitet. Es wurde nach draußen gebracht und auf einen langen Tisch gestellt, den wir vor dem Haus aufgebaut hatten. Es waren über zweihundert Personen gekommen. Vor dem Essen reihten sich die Zeremonialmänner, die Männer der Kriegergesellschaften und die Häuptlinge neben dem Pfeiltipi auf. Sie sangen das Todeslied des Pfeilhüters und Lieder der verschiedenenen Kriegergesellschaften. Sie riefen seinen Cheyenne-Namen und sprachen: »Holy Standard, obwohl du gegangen bist, denken wir an dich.« Nachdem sie gesungen hatten, waren sie die ersten, die sich von dem Essen nahmen. Fast alle der Anwesenden stellten sich in einer langen Schlange auf, die am Büffet vorbeiführte. Geduldig warteten sie, bis sie an der Reihe waren. Jeder schöpfte sich gesegnetes Wasser aus einem Eimer und trank davon. Es gab verschiedene Suppen, gebratenes und gekochtes Fleisch, indianisches Brot und Kartoffelsalat. Getrunken wurde Limonade, und zum Nachtisch gab es Früchte und Kuchen. Für jeden war genug da. Einige Leute setzten sich auf die vorhandenen Stühle, die meisten stellten ihre Teller auf die Kühlerhauben der geparkten Wagen und aßen im Stehen. Es waren auch einige Weiße zur Beerdigung gekommen. Während des Mittagessens ging der Ausrufer herum und lud die Häuptlinge und Kriegergesellschaften zu einem Treffen bei Roy Bull Coming ein. Sie sollten am nächsten Tag über die Nachfolge des Pfeilhüters beraten.

Als die Gäste mit dem Essen fertig waren, hatte meine Familie einen Give-away. Die Leute, die gekommen waren, hatten uns viele traditionelle Geschenke überreicht, Schals und Decken. Im Give-away gaben wir diese an die Häuptlinge und all jene weiter, die zu Lebzeiten des Pfeilhüters seine Freunde gewesen waren. Zwei Häuptlinge standen neben unserer Familie und riefen die verschiedenen Personen zu uns. Diejenigen, die gerufen worden waren, erhielten Pendelton-Decken, Schals oder Stoffe. Der Hüter des Heiligen Hutes, Elmer Fighting Bear, war der erste, der aufgerufen wurde. Er war den weiten Weg aus Montana angereist. Wir verteilten nicht alles, den Rest werden wir verschenken, wenn die Trauerzeit nach einem Jahr vorüber ist. Die persönlichen Sachen des Pfeilhüters haben wir nicht weggegeben. Mein Bruder Luther und ich führten eine rituelle Reinigung durch, so daß kein Schaden von diesen Dingen ausgehen konnte. Wir drängten unsere Großmutter, alles schnell mit uns zu erledigen, damit unser Großvater von seinen Sachen nicht zurückgehalten wird – daß er uns verlassen kann, wo immer er auch hingeht.

In der nun folgenden Zeremonie beteten verschiedene Männer: Elmer Fighting Bear, Roy Bull Coming, Luther Black Bear und dessen Bruder, Reverend Floyd Black Bear. Sie alle sprachen mit leiser Stimme. Ein letztes Mal reihten sich die Menschen auf, um am Sarg des Pfeilhüters vorbeizudefilieren. In der Zwischenzeit kamen immer mehr Menschen und kondolierten unserer Familie, die auf der Veranda saß. Die Männer trugen den Sarg aus dem Haus und luden ihn in den Beerdigungswagen, der sich langsam in Bewegung setzte. In ihren Autos folgten die Leute ihrem Pfeilhüter zum Häuptlings-Friedhof in Cantonment. Alle versammelten sich noch einmal um das Grab. Die Häuptlinge sangen ein letztes Lied, es wurden nur noch wenige Worte gesprochen. Den Sarg des Pfeilhüters bedeckten weiße und hellblaue Decken. Hellblau – die Farbe des Himmels – ist die Farbe der Cheyenne. Die blaurote Schärpe des Pfeilhüters legten sie ganz oben auf. Damit war die Beerdigung zu Ende, und die Menschen verließen den Friedhof. Einige von ihnen fuhren mit uns zurück zum Haus. Sie wollten uns Gesellschaft leisten und das restliche Essen verspeisen, das noch am selben Tag verzehrt werden mußte.

Am Nachmittag gaben die Männer bekannt, daß sie mich ersatzweise zum Pfeilhüter bestimmt hatten. Nach dem Tod meines Großvaters war ich von den Pfeilpriestern beauftragt worden, die Pfeile zu hüten. Sie wählten mich wegen meines Wissens und weil ich stets um meinem Großvater gewesen bin. Um den Segen zu erhalten, fingen die Cheyenne an, ihre Kinder zu mir zu bringen. Man sprach darüber, daß ich zum neuen Pfeilhüter gewählt werden sollte. Viele rieten mir, eine solche Wahl anzunehmen – denn keiner von ihnen wollte die Pfeile. Sie hatten Angst vor ihnen – zu mächtig. Wenn die Pfeile der falschen Person gegeben werden, die nicht auf die richtige Weise für sie sorgt, kann das Not und Unheil über den ganzen Stamm bringen. Ich fragte mich, ob ich in der Lage sein würde, diese Kraft richtig zu gebrauchen. Viele meiner Gewohnheiten würde ich aufgeben müssen. Aber selbst wenn ich mich ändern würde – ich fühlte mich noch zu jung. Nur die alten Männer sind weise genug, die Angelegenheiten unseres Stammes zu regeln. Ich hatte in den vorangegangenen Jahren hin und wieder versucht, den alten Pfeilpriestern etwas zu sagen, aber sie haben nie auf mich gehört. Wäre ich der Pfeilhüter, dann müßten sie mir folgen. Durch meine Wahl wäre alles auf den Kopf gestellt. Wir würden schlimmer als verrückt sein – so, wie es uns Motseyoef prophezeit hat. Das wäre die Zeit, in der Motseyoef zurückkommt – das ist das Ende von allem.

Am Sonntagmorgen ging ich in das Pfeiltipi, um zu beten. Als ich wieder herauskam, hatte sich die ganze Familie am Tipi versammelt, und ich reinigte sie. Während des Abendessens kam Edwards mit einer Neuigkeit zurück: »Ich weiß nicht, ob ihr es schon gehört habt, ein neuer Pfeilhüter ist gewählt. Es ist Joe Antelope.« Meine Großmutter erwiderte: »Peva, das ist gut.« Die Häuptlinge hatten Häuptling Joe Antelope vorgeschlagen. Sie respektierten das, und wählten ihn. Joe Antelope ist ebenfalls ein Enkel von White Antelope, der am Sand Creek ermordet wurde. So bleiben die Pfeile in der Familie. Joe und seine Frau leben auf dem Land, in der Nähe von Watonga. Als mein Großvater 1980 seinen Schwur leistete, war Joe Antelope Helfer in der Pfeilzeremonie. Aber sonst ist er kein Zeremonialmann. Das bedeutet, daß er nichts über die Pfeile weiß. Er weiß nicht, wie man sie handhabt. Nun ist es an denen, die ihn wählten, ihn alles zu lehren. Der neue Pfeilhüter hat ein gutes Herz und einen guten Charakter. Er kann es lernen. Mein Großvater lernte auch noch – er lernte vom Tipi selber. Ich weiß nicht, ob Großvater mir alles beibrachte, was er wußte. Einmal sagte er mir, daß es mehr zu lernen gäbe – mehr als man ihm beigebracht hatte, als er Pfeilhüter wurde. Einige

Dinge sind verloren. Während mein Großvater noch lebte, meinten die Leute, daß er der letzte mit dem Charakter und der Fähigkeit wäre, eine solche Aufgabe auf sich zu nehmen. Bevor die Männer meinen Großvater wählten, sprachen die Leute genauso. Aber immer wieder finden sie einen neuen Pfeilhüter.

Am Sonntagabend kamen weitere Besucher. Sie richteten uns aus, daß die Pfeilmänner am Montagmorgen, gegen zehn Uhr, die Pfeile holen würden. Wir versicherten ihnen, daß wir mit allem einverstanden wären – was immer sie auch entschieden. Am nächsten Morgen kam Roy Bull Coming als erster. Er erzählte uns, daß die Pfeilmänner Angst hatten, auf das Grundstück zu kommen, da sie nicht wüßten, wie die Familie es aufnehmen würde. Einer nach dem anderen kamen sie, zehn Pfeilpriester. Ich ging mit ihnen ins Pfeiltipi. Während wir unsere Handlungen ausführten, behandelten zwei Pfeilmänner die Familie. Einer führte die heiligen Bewegungen aus, der andere die Bemalung. Jemand fuhr zur Schule, um Marsha und Brian abzuholen. Die beiden Pfeilmänner warteten beim Tipi, bis die Kinder gebracht wurden. Bei Frauen tragen sie die rote Farbe zuerst zwischen den beiden Schlüsselbeingelenken auf. Es folgen ein Punkt auf der Stirn, auf beiden Wangen und die Stelle auf dem Kopf. Männer werden mit zwei Linien bemalt. Sie ziehen sich jeweils von den Augenwinkeln zur Schläfe. Als sie mit allem fertig waren, gaben die Pfeilpriester meiner Großmutter etwas Geld. Ich reinigte es, bevor sie ihr das Geld reichten. Die Frauen gingen zurück ins Haus und bereiteten das Essen vor.

Wir Männer bauten das Pfeiltipi ab und luden die Stangen, die Zeltleinwand – und auch die Heiligen Pfeile – auf einen Pick-up. Der setzte sich dann in Bewegung und fuhr langsam die Straße hinunter. Die Pfeilmänner folgten in ihren Wagen. Als sie außer Sichtweite waren, versammelten wir uns um den Platz, an dem das Tipi elf Jahre lang gestanden hatte. Ein großer Kreis kahler Erde war geblieben – sandig, ohne einen einzelnen Grashalm. Daran kann man heilige Orte erkennen. Wo die Tipi-Stangen im Boden gestanden hatten, sollte das Gras niemals nachwachsen. All die Plätze, die ich gesehen habe, nur kahler Boden – heilige Orte. Wir gingen ins Haus zurück und aßen. Eine alte Frau war zu Besuch. Sie betete lange Zeit, bevor wir anfingen zu essen.

Die Pfeilmänner gaben Joe Antelope eine neue Tipi-Leinwand und trugen die alte an den Fluß. Wenn ein neues Pfeiltipi gestiftet wird, legt man das alte Tipi in einen Fluß und läßt es davonschwimmen. Das machten wir auch mit Großvaters Bekleidung. Wir fuhren zum See und warfen die Sachen dort ins Wasser. Zuerst hatten wir daran gedacht, sie zu verbrennen – aber das ist nicht die richtige Art, wie es getan werden muß.

Am vierten Morgen nach der Beerdigung muß man etwas Essen zum Grab bringen. Das ist der Zeitpunkt, an dem sie fortziehen. Die Kinder sehen unseren Großvater noch. Sie sind diejenigen, die diese Dinge noch wahrnehmen können. Die meisten Erwachsenen haben diese Fähigkeit verloren. Während der Totenwache stand Marsha weinend im Flur. Sie hatte ihren Urgroßvater auf seinem Schaukelstuhl sitzen sehen – er sang. Später sah sie, wie er seine Hühner fütterte. Alle Hühner kamen den Hügel herunter und liefen in Richtung Hühnerstall. Melissa hat ihn auch gesehen. Er sprach mit ihr – er wollte etwas zu essen. Sie erzählte ihrem kleinen Bruder JoJo davon, und so haben wir es erfahren. Pat, Pam und JoJo brachten daraufhin Essen zum Grab – für unseren Großvater und für meine Schwester Marylin. Ein anderes Mal hörte Zola, wie Großvater den Türknauf drehte und in das Haus seines Sohnes zu gelangen versuchte. Er bleibt hier. Er bleibt, wo er immer gewesen ist. – Nun kann er uns auf eine Art helfen, wie er es früher nicht konnte.

Als ich vor einigen Tagen meine Schweine fütterte, hatte ich einen Traum. Mein Großvater war da draußen im Wald. Er lag in einem der Krankenhausbetten. Jemand kam und sagte zu mir: »Großvater will dich sehen«. Ich ging hinüber. Ich weinte. Er stand auf und umarmte mich: »Höre auf, dich zu sorgen, Enkelsohn. Es kommt alles in Ordnung.« Am nächsten Tag hatte ich einen neuen Traum. Wir standen alle drüben am Haus, als plötzlich Raketen heranflogen und hier auf dem Grundstück einschlugen. Ich rief den anderen zu, daß sie mir folgen sollten. Ich hörte eine große Rakete kommen, als ein großer Berg sich plötzlich vor uns erhob. Es war Bear Butte. Die Rakete schlug auf der nordwestlichen Seite des Berges ein und verursachte einen kleinen Erdrutsch auf der anderen Seite. Ein bißchen Geröll rutschte den Berg hinunter, nichts Gewaltiges. Den Traum hatte ich, als Terry Wilson hier war, Ende Mai 1982. Kurz nachdem ich diese Träume gehabt hatte, kamen sie und sagten, sein Grab wäre eingefallen. Sophy kam und erzählte es uns. Die Mädchen gingen wieder zum Friedhof und warfen neue Erde auf. Dies bedeutet für mich, daß er nun gegangen ist – irgendwie war ich glücklich darüber.

Mein Großvater war ein außerordentlicher, sehr mächtiger Mann. Aber selbst er konnte die Leute nicht zusammenbringen. Nun, da er gegangen ist, merken sie vielleicht, was für ein Mann er war. Ich bete für den neuen Pfeilhüter, daß er von Leuten nicht fehlgeleitet wird – wie manchmal mein Großvater. Ich bete dafür, daß er in diesem Prozeß nicht verletzt wird, wenn sie ihn nicht richtig lehren. Bei Pfeilhüter Antelope ist ein Treffen anberaumt, alle Häuptlinge und Kriegergesellschaften sind geladen. Aber ich kann jetzt nicht gehen und mit ihm rauchen. Viele tun es und sagen dann: »Wir haben mit ihm geraucht.« Aber das ist nicht alles – es enthält mehr. Wenn du mit dem Pfeilhüter rauchst, richtet er seine Pfeife gegen dich. Niemand sonst darf eine geladene Pfeife auf diese Weise richten, außer ihm. Dann bist du verpflichtet, ihm zu folgen und hinter ihm zu stehen – ganz. Du mußt tun, was immer er dir aufträgt. Vielleicht bin ich in einem Jahr so weit – wenn ich eine angemessene Zeit getrauert habe. Ich werde mich im kommenden Jahr zu Hause aufhalten. Das ist, was ich zu tun habe. Ich sollte für einige Zeit nicht unter Leute gehen. Nach der Zusammenkunft bei Joe Antelope müssen sie die Pfeife meines Großvaters zurückbringen. Mein Vater oder ich, einer von uns beiden, wird sie akzeptieren. Dann reichen wir sie weiter an meine Großmutter. Das ist die richtige Art es durchzuführen.

Acht Jahre später, 1990, wählten die Cheyenne einen neuen Pfeilhüter – meinen Vater, Wayne Red Hat, den Hüter des Blauen Himmels. Als er die Heiligen Pfeile akzeptierte, reichte er den Blauen Himmel an mich weiter. 1978 hatte Tsista-Heyo folgende Erklärung meines Vaters, Wayne Red Hat, veröffentlicht:

»Ich bin ein Mitglied des Stammes der Südlichen Cheyenne –
Tsistsistas. Ich spreche Cheyenne und ich entscheide Cheyenne. Mein Anliegen ist es – für mich und für mein Volk –, uns
alle auf dem Cheyenne-Weg zu halten. Uns wurde in der
Kindheit gesagt, daß wir unsere Cheyenne-Kultur lebendig
halten sollen. Noch als ich ein junger Mann war, sagte man
mir, daß ich ganz Cheyenne bleiben müsse. Ich bin ein Mann,
und ich spreche Cheyenne. Das traditionelle Leben der Cheyenne ist für mich da, um danach zu leben und um mich daran
zu erfreuen. Cheyenne-Häuptlinge, Vormänner und Kriegergesellschaften bilden noch immer unsere Regierung. Pfeilmänner und Neue Lebenshütten-Priester führen die Zeremonien weiter. Die vier Cheyenne-Kriegergesellschaften wachsen. Sie bekommen immer mehr Mitglieder. Auch Cheyenne-
Frauen gehören gewissen Gesellschaften an. Die Heilige Frau
ist gegenwärtig in der Neuen Lebenshütte. Unsere Cheyenne-
Identität ist lebendig. Unser traditionelles Leben gibt uns
Stärke und Leitung. Jeden Tag wird im Heiligen Tipi ein Feuer
entfacht und die Pfeife geraucht. Die Südlichen Cheyenne
werden beschützt durch zeremonielle Wege. Als Cheyenne
kann ich in das Heilige Tipi gehen, um Führung, Unterwei-
sung, Stärke und Weisheit zu erlangen. Ich kann auf den
heiligen Boden rund um das Tipi gehen, Hilfe erbitten und
Gebete sprechen. Selbst im Davorsitzen oder im Sehen des
Heiligen Tipis erweist sich der Segen der Cheyenne-Religion.
Ich bin glücklich, ein Cheyenne zu sein. Ich möchte, daß die
Leute wissen, daß ich mit ihnen bin, wenn wir fortschreiten,
jeden Tag von Sonnenaufgang an. Ich möchte, daß meine
Kinder und Enkelkinder geboren werden und in den Spuren
ihrer Stammesführer erstarken. Es kommt mir darauf an,
mich genau an die Lehren meiner Väter zu erinnern. Alles, was
wir darüber wissen, lernen wir durch das, was wir sehen, und
das, was wir hören. So lernen wir, wie die Dinge zu tun sind.
Wir fügen zusammen, was jeder von uns weiß. Manchmal ist
es schwierig, aber ich bin mit meinem Volk – Tsistsistas.«

Am 8. Oktober 1993 stirbt Wayne Red Hat. Die Cheyenne wählen Bill Red Hat, seinen Sohn, zum Hüter der Heiligen Pfeile.

Editorische Notiz

Die an der Universität Hamburg auf englisch verfaßte Dissertationsschrift von Renate Schukies, der die hier vorliegenden Erzählungen entnommen sind, erschien unter dem Titel *Red Hat. Cheyenne Blue Sky Maker and Keeper of the Sacred Arrow* im Lit Verlag, Münster/Hamburg 1993. Diese wissenschaftliche Publikation enthält eine umfassende Dokumentation, die den historischen Hintergrund der Erzählungen ergänzt und vertieft.

Bildnachweis

Stephan Dömpke: S. 11, 154.
Paul Lin: S. 13.
University of Oklahoma Library, Western History Collections: S. 78, 88 und 89.
Alle übrigen Fotos sowie die Zeichnungen stammen aus dem Privatbesitz der Autorin.

Indianer-Literatur
im Eugen Diederichs Verlag

Joseph Medicine Crow
Mein Volk, die Krähen-Indianer
Die Stammesgeschichte der Absarokee
152 Seiten mit 11 s/w-Abbildungen, 4 Strichzeichnungen und 1 Karte,
Leinen
Authentische Geschichten, wie sie die Alten erzählten, aus dem
Leben der Crow-Indianer, bevor die Weißen kamen. Der Verfasser, Abkömmling einer berühmten Linie von Krähen-Häuptlingen,
hat diese Geschichten noch selbst von seinen Großeltern gehört und
aufgezeichnet.
Dieses Buch ist eine der interessantesten, der besten Veröffentlichungen zur Geschichte der Indianer von einem Indianer, mit
Ruhe, Selbstbewußtsein und überzeugender Schlichtheit erzählt.
Magazin für Amerikanistik

Indianer des Westens Nordamerikas (1870–1900)
108 Seiten mit zahlreichen Abbildungen, Leinen
Der reich dokumentierte Katalog aus der berühmten Sammlung
Schreyvogel des Linden-Museums Stuttgart zeichnet mit zahlreichen Dokumentarfotos, Gemälden und Objektfotos ein lebendiges
und faszinierendes Bild der Welt der Indianer aus den Great Plains.

Frank Waters
Das Buch der Hopi
Nach den Berichten der Stammesältesten aufgezeichnet von Kacha
Honaw (Weißer Bär)
378 Seiten s/w-Abbildungen, Leinen
Nur jemand, der so tief in die Hopi-Mythen eingedrungen ist wie
die Hopi selbst, konnte dieses Buch schreiben.
American Anthropologist

EUGEN DIEDERICHS VERLAG

Diederichs Gelbe Reihe

Dennis und Barbara Tedlock
Über den tiefen Rand des Canyon
Lehren indianischer Schamanen
DG 17, 239 Seiten mit s/w-Zeichnungen, kartoniert
Religiöse Erfahrungen der Indianer: der Peyote-Weg, die Salz-
Pilgerschaft der Papgos, die Weltsicht der Teton-Sioux und die
Ojibwa-Mythologie.

Basil Johnston
Und Manitu erschuf die Welt
Mythen und Visionen der Ojibwa
DG 24, 217 Seiten mit s/w-Abbildungen und Karten, kartoniert
Die Mythen und Visionen der Ojibwa sind ebenso vielschichtig
und geheimnisvoll wie die Märchen, Legenden und Mythen der
Griechen, Römer oder Ägypter und ebenso tiefgründig wie die
Parabeln der Bibel.

Christian Rätsch
Indianische Heilkräuter
Tradition und Anwendung
Ein Pflanzenlexikon
DG 71, 319 Seiten mit zahlreichen s/w-Abbildungen, kartoniert
Die aus Südamerika eingeführten Substanzen Chinin, Kokain und
Meskalin revolutionierten geradezu die europäische Medizin.
Dieses Handbuch bietet einen Überblick über die traditionelle in-
dianische Heilmedizin und enthält praktische Hinweise für die An-
wendung auch in unseren Breiten.

EUGEN DIEDERICHS VERLAG